나는 길들지 않는다

ANATA NO WAKASA WO KOROSU TEKI
by MARUYAMA Kenji

Copyright ⓒ 2010 MARUYAMA Kenji
All rights reserved.
Originally published in Japan by ASAHI SHIMBUN PUBLICATIONS, INC., Japan.
Korean translation rights arranged with MARUYAMA Kenji, Japan.
through THE SAKAI AGENCY and IMPRIMA KOREA AGENCY.

이 책의 한국어판 저작권은 THE SAKAI AGENCY와 IMPRIMA KOREA AGENCY를 통해
MARUYAMA Kenji와 독점 계약한 (주)바다출판사에 있습니다.
저작권법에 따라 한국 내에서 보호를 받는 저작물이므로 무단전재와 무단복제를 금합니다.

# 나는 길들지 않는다

## 마루야마 겐지

김난주 옮김

**바다출판사**

**차례**

서문 —— 8
프롤로그·어느 참새의 위대한 죽음 —— 10

**1장 가족에 길들지 마라**
자식은 안전한 보험 —— 26
아내는 엄마였다 —— 35
엄마의 폭주를 막아라 —— 38
배수진을 치고 아내에 맞서라 —— 43

**2장 직장에 길들지 마라**
도망치는 인생에는 과거밖에 없다 —— 54
산 자로 살고 싶다면 자영업에 뛰어들어라 —— 60
진정한 자신으로 돌아가는 데 농사만 한 것이 없다 —— 63
타인을 위해 일하려고 태어난 것이 아니다 —— 69
직장인이란, 사소한 희망에서 시작해
거대한 절망으로 끝나는 존재 —— 78

**3장** 지배자들에 길들지 마라

자유는 거저 얻을 수 없다 —— 88
아무리 충성해도 노예는 언젠가 버려진다 —— 93
국가에게 젊은이는 만만한 총알받이 —— 97
기자들의 정의를 믿지 마라 —— 102
지배자들이 던지는 당근에 꼬리를 흔들지 마라 —— 106

**4장** 목적이 없는 자는
목적이 있는 자에게 죽임을 당한다

품 안의 '의존'을 하나하나 떨어내라 —— 118
담배라는 안이함과 절교해라 —— 120
체형이 정신을 말해 준다 —— 126
목적이 없는 자는 목적이 있는 자에게
죽임을 당한다 —— 130
술이 없었다면 혁명은 거듭되었을 것이다 —— 133

**5장** 당신을 구제할 힘은
처음부터 당신에게 있었다

복권은 국가로 향해야 할 분노를 원천 봉쇄한다 —— 150
안정만큼 지루한 것도 없다 —— 155
인터넷 세계는 살 곳이 못 된다 —— 159
영웅을 응원하기 전에 자신을 응원해라 —— 168
당신을 구제할 힘은 처음부터 당신에게 있었다 —— 177

**6장** 누구의 지배도 받지 말고
누구도 지배하지 마라

나는 내면의 반란을 부채질하는 자 —— 184
누구의 지배도 받지 말고 누구도 지배하지 마라 —— 188
전진하는 데 최대의 방해물은 나르시시즘 —— 191
평생을 걸고도 못 쥐는 것이 자립이다 —— 194
자신을 버린 자와 지킨 자, 두 종류뿐이다 —— 201


에필로그 · 자립한 자의 일생 —— 208

## 서문

 며칠 전, 마당 손질을 하다가 우연히 낙엽에 감싸인 죽은 참새를 발견했다. 외상은 없고, 겨울이 머지않은 탓에 벌레도 꼬이지 않았다. 눈은 감겨 있었다. 깃털에 흐트러짐도 없었다. 즉 새로서 완벽한 모습을 유지하고 있었다. 사인은 알 수 없다.

 그러나 그 작은 죽음에는 가슴을 뭉클하게 하는 것이 있었다. 일개 독립한 생명체로서, 깃털 하나하나까지 자립한 젊음으로 채색되어 있었기 때문이다. 이것이야말로 진정한 죽음이며, 진정한 삶을 산 끝에 획득한 이상적인 죽음이리라. 나의 최후도 이 죽음에 한없이 가깝기를 바라지 않을 수 없었다. 또 그런 죽음을 맞기 위해서는 아직도 여전히 삶에 부족함이 많다는 것을 절감하지 않을 수 없었다.

그 주검을 자신의 시신으로 상정하고 있는 나 자신을 느끼면서, 참새의 주검을 진달래나무 아래에 구멍을 파 고이고이 묻어 주었다. 그리고 남아 있는 나의 수명을 다하기 위해서, 아직도 오르지 못한 문학의 고봉에 도전하기 위해서, 자립한 젊음을 조금이나마 드높이기 위해서, 안과 밖의 적을 상대로 언제 끝날지 모를 분투를 다시금 시작하고, 그 격렬한 논쟁과 싸움 안에 내가 추구해 마지않는 내가 존재한다는 것을 새삼 확인했다.

당신의 자립한 젊음이 영원하기를!

2010년 2월 말일

**프롤로그**

# 어느 참새의 위대한 죽음

 가을 무렵 대륙에서 일본 각지로 떼 지어 날아와 벼 이삭을 쪼아 먹는 통에 농가에 피해를 주는 참새류가 아니라 1년 내내 한곳에 정착해 텃새로 사는 참새 한 마리가 우리 집 마당에 둥지를 튼 것은 2년 전쯤이다.

 그 참새는 성깔이 고약한 때까치와 무법자인 까마귀의 훼방을 요리조리 교묘하게 피하면서, 또 참매와 산무애뱀과 들고양이의 기습 공격을 가볍게 받아넘기면서 유유자적 오늘도 자신의 생명을 즐기고 있다. 그리 예민하게 굴지도 않는 그 모습을 볼 때마다, 값지고 훌륭하다는 여느 인생의 지침서보다 훨씬 주목할 만하다는 생각이 든다.

 늘 혼자이면서 실로 즐거워 보인다. 아침 일찍 일어나 금빛 햇살 속에서 기운차게 짹짹거리며 마당 온 데를 자유롭게 날아다닌다. 그러고는 많지도 않은 소박한 모이를 사뭇 맛있다는 듯이 콕콕 쪼아 댄다. 그렇다고 자신에게 적이 될 상대의 접근에 주의를 기울이지 않느냐 하면 절대 그렇지 않다. 한시도 경계를 늦추지 않는다.

해가 기울면 집의 외벽을 타고 자란 덩굴수국의 이파리 뒤에 숨어들어 잠이 든다. 그곳은 우리 집의 불빛이 적당히 비치고 비바람과 밤의 기습 공격을 피하기에 안성맞춤이다.

그렇게 생기 넘치는 참새지만, 생애의 길이는 인간에 비하면 하찮을 만큼 짧다. 탈 없이 잘 살았다고 해야 고작 몇 년이다. 그러나 생명을 찬란하게 누린다는 점에서 그 삶은 훌륭하다는 한마디로 요약된다. 이 세상에 태어나 사는 자의 삶의 모습은 이래야 하지 않을까. 그렇게 통감하지 않을 수 없다.

참새만이 아니다. 야생동물 거의 대부분이 그렇게 충실한 생애를 보내지 않나 생각된다. 이런 산골에서는 그들과 흔히 마주칠 수 있는데, 그럴 때마다 나는 그들이 얼마나 이 세상에 친숙한 존재인지를 실감하는 한편 선망의 눈길로 바라보지 않을 수 없다. '행복'이란 애당초 그들을 위해 있는 말이 아닐까 하고 단정하고 싶어지기도 한다.

물론 가혹한 약육강식의 세계에서 사는 그들이 천수를 다하고 자연스럽게 죽을 확률은 아주 작다. 아니, 거의 제로에 가까울 것이다. 천적은 그들의 목숨을 호시탐탐 노린다. 기후의 급변으로 굶거나 얼어 죽을 수도 있다. 사소한 부주의로 사고를 당해 죽을 수도 있다. 그렇게 죽을 위험성이 인간의 몇 배, 아니 몇백 배 혹은 그 이상일 수 있다. 또한 육체의 완벽함이나 감각기관의 예민함이 다소나마 훼손되어도 그들은 가차 없는 죽음에 직면하고 만다.

즉, 그들의 삶은 '완벽하게 자립한 젊음'이라는 필수조건 없이는 찬란하게 빛날 수 없는 것이다. 자립한 젊음에서 시작해 자립한 젊음으로 끝나는 것이 바로 그들의 생애이다. 그렇기에 언제 어디서 어떻게 마주치든 그 생명이 그토록 생기발랄하고 아름다우며, 이 세상에 존재한다는 순수한 기쁨으로 가득한 것이다.

천수를 다 누렸다고 해도, 그들에게는 이른바 노령기라는 기간이 존재하지 않는다. 자립한 젊음이 쇠하는 순간 죽음을 맞기 때문이다. 불완전해진 생명을 어떻게든 유지하려는 지혜도 없거니와 그럴 필요도 없다.

둥지에서 떨어진 아기 새의 주검에 까맣게 모여든 개미, 자동차에 치여 납작하게 눌린 너구리, 사방댐에 빠져 죽은 영양. 그런 참혹한 광경은 이런 시골에서는 일상적으로 볼 수 있다. 때까치에게 잡혀 마른 나뭇가지에 꽂힌 개구리, 참매의 사냥감이 되어 머리가 뜯겨 나간 방울새, 돌풍에 휩쓸려 날개가 고압선에 부딪히는 바람에 떨어져 죽은 솔개, 비정상적인 속도로 물이 줄어들어 순식간에 말라 죽은 송어. 그 밖의 다양한 야생동물의 최후와 마주할 때마다 수도 없이 보아 눈에 익었다고는 하나 그 모습이 숭고하게까지 보여 어떤 감동을 느끼곤 한다.

살아남기 위해 갖고 있는 능력의 전부를 발휘하면서 소박하지만 위대한 삶을 마음껏 누린 그들의 말로가 인간의 시각으로 보면 한없이 무참한 꼴이지만, 그 주검이 뭐라 말할 수 없는 숭고함으로 빛난다는 사실은 부정할 수 없을 것이다. 적어도 미처 타오르지 못한 생명의 불씨라는 말이 그들에게는 해당되지 않는다.

그에 반해, 인간의 마지막 모습은 얼마나 형편없고 꼴사나운지 모른다. 가령 평균수명을 넘는 나이까지 산 자가 최고급 설비를 갖춘 1인용 병실에서 친족이 모두 지켜보는 가운데 고통 없이 미소를 머금고 죽음의 길을 떠났다 해도 그렇다. 마지막 가는 순간까지 분명한 의식 속에서 이별의 말을 충분히 나누고 남은 가족의 생활에 대한 걱정도 없이 떠났다 해도 역시 일말의 추악함을 떨쳐 낼 수는 없다.

자신의 힘으로는 1미터도 움직일 수 없는 노쇠한 몸을, 타인의 도움과 투약과 수술과 방사능과 간병 등 온갖 것에 의존해 간신히 이 세상에 붙들어 두고 있는 자에게 무슨 감동을 느낄 수 있다는 말인가. 그것은 벌써 오래전에 죽은 목숨이다. 자립한 젊음을 잃은 시점에 이미 끊긴 목숨이다. 살아 있는 주검으로 무의미하고 어정쩡하게 그저 시간을 보내고 있을 뿐인 목숨이다.

지금까지 내가 집요하게 문제 삼은 자립한 젊음이란 과연 무엇일까.

그것은 단순히 육체적인 젊음이나 세포의 건강함, 신체 기능의 탁월함을 뜻하는 말이 아니다. 야생동물처럼 육체가 노쇠했다고 느끼면 그대로 죽는 편이 좋다는 뜻도 아니다.

육체는 비록 늙었어도 정신의 젊음을 추구할 수 있는 것은 인간의 특질이며, 또 특권이다. 이런 인간의 특성이 진정한 젊음의 근원이라는 신념하에 얘기를 이끌어 가고 싶다.

인간 역시 야생동물이라는 점을 다시금 상기해 주기 바란다. 굳이 설명이 필요 없는 이 전제를 다시 한 번 인식하기 바란다.

인간은 국가와 사회와 친족, 그 밖의 조직과 집단으로부터 심심한 비호를 받고 있으니 다른 동물처럼 원시적이고 야만적인 환경에서 사는 것은 아니다 하는 생각은 터무니없는 착각이다. 당신은 오랜 전통과 풍부한 자금으로 유지되며, 수용된 동물들에게 더없이 안정된 생애를 보장해 주는 유명한 동물원의 동물이 아니라는 사실이 바로 그 증거이다. 자유로움의 정도는 차치하고, 보장이라는 점에서는 동물원의 동물이 인간보다 훨씬 나을 것이다.

당신은 매일 뒹굴고 무위도식하며 살 수 있는 신분이 아니다. 내일의 자신을 고민하지 않아도 되거나 죽은 자신의 시신을 어떻게 처리하면 좋을지를 걱정하지 않아도 되는 환경에 있지 않다. 요컨대 전 생애에 걸친 절대적인 보장 따위는 꿈도 꿀 수 없는 처지이다. 언제 곤경에 처할지 모르는, 약육강식의 정글 한가운데 있는 몸이다.

그런 자각이 분명하지 못한 까닭은 어찌 되었든 의존이 가능하다는, 삶에 대한 뜨뜻미지근한 태도와 착각에 푹 빠져 있기 때문일 것이다. 마치 국가와 사회가, 종교와 직장이, 가족과 친구가, 각종 보험과 의사가, 예금과 퇴직금이 생의 시종일관을 보장해 주는 양 기대하고, 선진국의 국민이니 마땅히 그래야 한다는 낙관이 당신의 인식을 뒤죽박죽 비틀어 놓기 때문일 것이다.

그런데 실제는 과연 어떤가. 당신의 현실은 어떠한가.

대학을 졸업하고도 취직을 못하고, 간신히 구한 일자리에서도 언제 해고의 바람이 불지 몰라 두려움에 떤다. 연금과 퇴직금은 물론, 정부의 약속 따위는 도무지 믿을 수가 없다. 사회에는 여전히 온갖 속임수와 비리와 노골적인 이기주의가 난무하고 있다. 세상은 변함없이 타인의 불행을 요구하고, 타인의 불행에서만 자신의 행복을 느끼는 형국이다. 그런 현실에 혐오를 느껴 돈으로 얻을 수 있는, 속내가 뻔한 치유와 평안에 손을 대는 날에는 고스란히 털려 빈털터리 신세가 되고 만다.

  자연계보다 훨씬 복잡한 데다 질도 좋지 않은 정글에 살면서, 당신은 어이없게도 긴장감을 느끼지 못한다. 마지막에는 누가 어떻게든 해 주겠지, 그러는 게 당연하지 하는 타율적인 삶의 방식을 전혀 수정하려 하지 않는다. 태평하게 마치 알부자의 자식이라도 되는 양 여유를 부린다. 자신이 지닌 능력의 일부나 겨우 사용하고, 아직도 어딘가에 편한 길이 있지는 않을까 하는 염치없는 기대에 젖어 자립한 젊음과는 무관한 나날을 보내고 있다.

  자립한 젊음의 척도는 자신에 대한 의존도라고 바꿔 말할 수 있다. 야생동물은 본의 아니기는 하나, 부모에게서 떨어져 나오는 순간 여지없이 자립해야 한다. 타자에게 의지하지 않는 결연한 삶이 아니면 생명이 그토록 빛날 수 없는 것이다. 그리고 이 세상을 마음껏 사는 기술이란 다른 것에 있지 않다. 자립한 삶이 아니면, 그것은 허튼 삶이며 죽은 목숨을 부지하는 것이나 다름없는 잿빛 인생이 되고 만다.

그런 의미에서, 당신은 진정한 젊음을 구현하고 있는가. 얼마나 자신에게 의지하고 있는가. 또 얼마나 자신의 능력과 힘으로만 살려 하며, 살아왔는가. 사람은 서로를 돕고 살아야 한다는, 예로부터 전해져 내려오고 연예인이나 문화인들이 인기를 얻으려 즐겨 사용하는, 듣기 좋은 그 말을 확대 해석하면서 자신의 잠재 능력을 방치하고 업신여긴 것이 당신의 진짜 모습은 아닐까.

어쩌면 당신은 철이 든 날부터 오늘에 이르기까지, 자립한 젊음을 터득할 기회가 없었거니와 그것을 인식한 순간조차 없지 않았을까. 이 세상에 태어났을 때 이미 정신이 늙어, 청춘기에 일찌감치 정신의 죽음을 맞았으며 쓸데없이 나이만 먹은 것은 아닐까. 만약 그렇다면, 안타깝지만 현재의 당신은 거의 망령이나 다름없다고 해야 할 것이다.

당신 주위에는 당신의 자립한 젊음을 죽이려는 적으로 넘쳐 난다. 당신이 풍요로운 환경에 있을수록 적의 수는 더욱 많을 것이다. 사회 시스템이 편리해지고 고도해지고 복잡해지면서도 적은 는다. 그러니 어지간히 자각이 분명하고 각오가 굳지 않는 한 야생동물의 일원으로 생기 넘치는 삶을 산다는 것은 어려울지 모르겠다. 태어나기를 잘했다는, 적어도 그렇게 생각할 수 있는 생애를 보내기란 힘들지도 모른다.

당신이 자립했는지 찬찬히 검증하기 전에, 먼저 당신의 겉모습을 특히 얼굴을 거울에 비추어 보면서 객관적으로 꼼꼼히 살펴보기를 바란다. 피부색, 주름 수, 검버섯 크기, 눈빛에서 시작해 마지막으로는 표정 전체를 냉철한 눈으로 쳐다보기를 바란다. 그런 다음, 주위에서 볼 수 있는 야생동물의 넘쳐흐를 듯한 생기를 떠올리면서 모든 나르시시즘을 배제하고 비교해 봐라. 그 결과는 과연 어떠한가. 너무도 달라 경악스럽지 않은가.

그것을 산 사람의 얼굴이라 할 수 있는가. 음울, 자포자기, 허무, 절망, 체념…. 당신의 얼굴을 그렇게까지 어둡고 무겁게 하는 원인은 어디에 있는 것일까. 야생동물과는 다른 인간이어서 고뇌에 찬 표정을 짓고 있는 것이고 그것이 바로 철학적인 인상으로 바뀌어 가고 있는 증거라는, 자신에게 유리한 구실을 내세워 그 심각한 문제에 뚜껑을 덮으려 하고 있지는 않은가.

어른이 되면 누구든 표정이 이렇게 되는 법이다. 이런 표정이야말로 한 사람의 어른이 된 증거이다. 실제로 아침저녁으로 전철에서 보는 사람들의 얼굴도 모두 이렇지 않은가. 기운차게 보이는 것은 고작해야 술주정꾼들뿐이지 않은가. 어떤 직장에 다니든 다들 표정이 비슷하지 않은가. 요컨대 이것이 하루하루를 성실하게 사는 사람들의 평균적인 표정이다. 잃어 가는 것이 사람의 인생이다.

아마도 당신은 그렇게 주장하고 싶지 않을까. 그러나 그것은 변명에 지나지 않는다. 그렇지 않은 표정으로 사는 사람들도 분명히 존재하기 때문이다. 외견상으로도 젊을 뿐만 아니라 몸속 깊은 곳에서 배어 나오는 자립한 젊음을 뿜내는, 멀리서 바라만 봐도 기분이 고양될 정도의 어른이 실제로 존재한다. 평생을 고기잡이에 몸 바친 어부, 나무꾼, 농부, 운동선수, 연예인, 광부, 라면가게 주인, 장인. 주로 이런 사람들 사이에 많이 있는 것처럼 여겨질 수 있으나, 보통 회사원이나 주부 중에도 상당수가 포함되어 있다.

좋든 나쁘든, 그들이 공통적으로 지닌 것은 진정한 의미의 젊음이다. 무엇보다 발랄하고 생기에 찬 그들의 표정이 그 점을 말해 주고 있다. 그들이 그런 자신을 뿌듯해 하는지 어떤지는 차치하고, 살아가면서 생기는 수많은 문제를 자신의 손으로 직접 해결하는 습관을 지니고 있는 것만은 분명하다. 그들은 아무도 믿을 수 없으니 자신을 의지하는 수밖에 없다는 소극적인 태도가 아니라, 나 자신은 믿을 수 있다, 무슨 일이든 각오를 다지고 임하면 어떻게든 헤쳐 나갈 수 있다, 지금까지도 그래 왔고 앞으로도 그럴 것이라는 자신감과 자부심을 갖고 살아간다. 그리고 나이를 먹어 갈수록, 경험과 체험을 많이 쌓으면 쌓을수록 그들의 확신은 깊어지고 기력은 충만해진다. 평범한 일을 평범하게 해결해 나가면서도 광휘를 발하는 존재로 되어 가는 것이다. 그것은 참으로 대단한 일이다. 그들이야말로 산 자 중의 산 자라 할 수 있을 것이다.

그런데 그들과 당신 사이에는 어떤 차이가 있는 것일까. 성장 과정과 지금 처해 있는 환경, 성격과 용모, 혈액형과 유전자, 부모의 직업과 학력, 형제자매의 있고 없음, 고향의 풍토, 재산의 정도. 미묘하지만 그런 차이가 영향을 미친다는 것까지 부정하지는 않겠다. 그러나 자립한 젊음의 있고 없고를 비교할 것도 없이, 그런 차이는 어차피 지엽적인 문제에 불과하다.

# 1장

## 가족에 길들지 마라

당신의 젊음을 말살한 그 최초의 적은 무엇이었을까. 바로 유아기와 유년기에 부모가 당신에게 쏟은 사랑이다. 특히 어머니의 맹목적인 사랑이다. 어머니와 야생동물 어미의 사랑은 다르다. 후자는 새끼를 자립시키기 위한 순수한 사랑인 데 반해 전자는 자식을 자신의 생애와 공생하는 상대로 간주한 데서 비롯된 것이기 때문이다. 이는 구조와 살인만큼이나 큰 차이다.

전자는 마치 보험에 들고 투자를 하는 것처럼 어디까지나 자기 본위로 하며, 철저하게 계산적인 의미의 파트너를 만들려는 불순하기 짝이 없는 애정도 아닌 애정으로 당신 젊음의 싹을 애당초 송두리째 뽑아 버리고 말았다. 그런데 당신 자신도 그렇지만, 어머니 또한 그런 자각이 전혀 없을뿐더러 자신의 몰염치한 본성도 의심하지 않는다. 하나에서 열까지 자식을 돌보고 보살피는 것이 부모 애정의 궁극적인 모습이라 굳게 믿고 있다. 그리고 그럴 수 있는 자신을 자랑스러워 하며, 그것이 생의 가장 큰 보람이라고까지 느낀다.

세상에는 제정신이 아닌 그런 부류의 어머니들이 득시글하다. 그녀들은 자신이 오래전에 남편을 포기했다는 것은 깨닫지 못한다. 설령 다소 인식했다 해도, 쓸모없는 남편을 자식으로 대체해 자신의 인생을 꽃피우려 하는 깊은 속내까지는 파악하지 못한다.

그녀들은 자식을 소유물로 여기면서 지배한다. 자식을 위해서가 아니라 자신의 앞날을 위해 자신의 분신인 그들이 사회적인 성공을 거둘 수 있도록 온갖 지원을 아끼지 않고 손발이 닳도록 뒷받침한다. 그리고 그런 자신이야말로 은혜로운 둘도 없는 존재라는 것을 자식에게 시도 때도 없이 세뇌한다.

이런 아내와 자식의 부적절한 연대에 남편의 책임은 없는 것일까.

남편들은 그 불쾌하기까지 한 아내와 자식의 관계를 알면서도 직장에서 쌓인 피로와, 자신도 모르게 가정의 모든 것을 주무르는 압도적인 여왕으로 변한 아내에게 이의를 제기할 에너지의 부족, 자신이 별 볼일 없는 남자라는 것을 알아채 버린 주위 사람들에 대한 부담감 등을 이유로 방관자의 위치에 서서 입을 꾹 다무는 버릇이 들고 말았으니, 그 책임이 크다 하지 않을 수 없다.

그리고 그런 당신 역시 남 돌보기를 좋아하는 아내 탓에 젊음을 완전히 말살당한 터라, 저항할 기개 따위는 털끝만큼도 없다. 그러니 결국 그날이 그날인 하잘것없는 삶을 잠시나마 잊기 위해 기분 풀이할 대상으로 도주하고 마는 것이다. 자신과 똑같은 냄새를 풍기는 족속을 찾아 불평을 늘어놓으며 자학적인 농담이나 주고받는다. 변명거리를 찾다가 '남자는 괴로운 존재라니까' 하는 마지막 말을 내뱉고는 술기운이 가시기 전에 왠지 편치 않은 집을 향해 맥 풀린 걸음을 옮긴다. 물론 그런 당신의 삶은 이미 끝난 것이다.

하물며 아버지가 없는, 있어도 존재감이 희박한 가정에서 어머니가 아들에게 쏟는 애정은 그 끝을 모른다. 그녀들은 아들을 주눅 들게 하고 싶지 않은 일념 때문에 분별력도 양식도 뒤로한 채 아들을 이 세상을 사는 가치로 삼는다. 더 나아가, 다 큰 아들이 아무리 불합리한 요구를 해도 들어주고, 그것이 부모 노릇인 양 믿어 의심하지 않는다. 아들이 흑이라고 하면 흑이요 백이라고 하면 백이라는 식으로 기분을 맞춰 주고, 사회적인 제재를 받아 마땅한 짓을 했을 때에도 필사적으로 비호하려 든다. "애야, 네 잘못이 아니란다. 네 주변에 있는 친구들이 어쩌다 나쁜 사람들이었을 뿐이야." 하는 말까지 하면서 아들의 비위를 맞추려고 한다.

이래서야 아들의 젊음은 풍전등화 꼴이라 하지 않을 수 없다. 어머니가 왜곡된 애정으로 아들을 대할 때마다, 하나에서 열까지 시시콜콜 뒤를 봐줄 때마다, 고민을 털어놓고 의논할 상대도 도움을 줄 수 있는 상대도 어머니밖에 없다고 세뇌할 때마다, 자립한 젊음은 점점 더 죽어 간다.

"곤란한 일이 있으면 무엇이든 엄마와 의논해라. 다른 사람들은 너를 버려도 엄마는 절대 그러지 않는다. 진정한 부모 자식 관계란 그런 거란다."

그렇게 입에 발린 말을 늘어놓는 어머니 역시, 그 젊음을 오래전에 잃어버린 상태이다. 자기 신뢰 덕에 과거에는 다소나마 남아 있던 젊음마저 자식에 대한 과도한 의존으로 완전히 씨가 말라 버린 것이다. 남편이나 아들과 다르게 어머니만 기운차게 보이는 경우가 있을 수도 있다. 하지만 그것은 젊음에서 비롯된 활기가 아니라 죽음을 향한 유혹과 비슷하며 노골적인 본능이 발하는 번들거림, 한마디로 '괴물녀'의 끔찍함에 지나지 않는다. 그러니 양쪽을 혼동하는 것은 큰 잘못이다.

## 자식은 안전한 보험

어머니의 강압적이고 과도한 애정 때문에 자립한 젊음을 질식당한 아들은 그 애정을 답답하고 거추장스럽게 느끼면서도 알게 모르게 거기에 물들어 급기야 어머니의 계략에 보기 좋게 걸려들고 만다. 어머니의 손길과 보살핌에 뼛속까지 길든 탓이다.

그런 아들들은 어머니의 보살핌 없이는 하루도 살 수

없는 '어른아이'가 되어 어머니에게 인정받고 칭찬받는 것, 어머니가 제시하는 삶의 길을 상당히 무리를 하면서까지 착실하게 걷는 것만이 인생의 모든 것이라고 믿는다. 자신의 모습을 똑바로 보지 못하며, 이 세상에 무한한 다른 가치관 역시 거들떠보지도 않는다. 끈질기게 계속되는 격려의 말과 시시콜콜한 보살핌에 등이 떠밀려 자신에게 적합하지 않을 수도 있는 길을, 아니 어쩌면 터무니없을지도 모를 길을 무턱대고 나아가려 한다.

어머니는 그런 아들을 이런 말로 부추긴다.

"너는 평범한 아이가 아니란다. 언젠가는 꽃이 필 우수한 재능을 갖고 있어. 그러니까 열심히 해야지. 엄마가 너를 응원해 줄게. 이런 엄마가 뒤에 있다는 걸 잊어서는 안 돼. 그리고 필요한 게 있으면 언제든 말해. 뭐든 해 줄 테니까."

이런 부류의 어머니는 아들이 자신이 원하는 길로 갈 수 있는 능력이 없어 이제 무리라는 것을 확인한 후에도 절대 이런 말은 하지 않는다.

"할 만큼 다 했으니 이제 만족한다. 앞으로는 할 수 있는 만큼 모든 노력을 했다는 자부심을 갖고, 능력에 맞는 인생을 살아가면 된단다."

입이 찢어지는 한이 있어도 그렇게는 말하지 않는

다. 절대 포기하지 못하는 이유는, 자신의 남편처럼 보잘것없고 평범한 삶을 살라고 아들에게 그렇게 공을 들인 것이 아니기 때문이다. 어머니의 그 당찬 야심에는 조금의 흔들림도 없다. 키워 준 비용을 뽑아내는 것은 물론이요 그 몇십, 몇백 배를 거둬들이려고 애쓰고, 아들을 디딤돌 삼아 사람들이 부러워하는 높은 곳으로 올라가, 더 편하게 생활하고 더 안락한 여생을 보내려는 꿈을 절대 버리지 못한다. 그 꿈을 버리고 나면 자신의 인생은 죽음이나 다름없다고 굳게 믿고 있는 것이다.

말하자면 평범한 아들에게 보통 수준 이상의 출세를 기대하면서 열심히 뒷바라지를 하다못해 도를 넘는 지원을 하는 등 아들의 엉덩이를 거듭 걷어차는 것이다. 예술가, 프로 스포츠 선수, 연예인, 변호사, 의사, 학자, 정치가, 사장, 고위관료로 만들기 위해.

학원이나 여타 배움의 장소에서 조금 칭찬을 받았다 싶으면, 그것이 학생들을 붙잡아 두기 위한 상투적인 술수인 것도 모르고 흥분해서 어떤 희생을 치르더라도 아들을 그쪽 길로 유도하겠노라고 각오를 다진다. 남편과 자신의 능력과 재능 따위는 고려하지 않은 채, 아들에게만은 특별한 지능과 재능이 있으리라 믿고 반드시 성공시키겠노라며 억지로 방향타를 틀어줘는 것이다.

그렇다고 이렇게 엉뚱한 꿈을 그리는 부모와 자식이 많은 것은 아니다. 대부분은 비교적 성공률이 높은 고학력 코스를 선택한다. 아마도 수치화된 학업 성적은 순위를 매기기가 쉽기 때문일 것이다. 중학교에 다니면서 성적이 꽤 상위에 속했다는 이유만으로 부모 자식이 합세해서 착각을 하고는 일찌감치 일류 고등학교에서 일류 대학으로 가는 코스를 설정한다. 이 세상을 살아가려면 마치 다른 선택의 여지는 없는 것처럼 그 꿈을 안고 확신에 빠져 스스로를 속박하는 길로 떨어진다.

성적의 좋고 나쁨은 어차피 기억력으로 한정된 경쟁의 결과이다. 절대 현명함을 나타내는 지표일 수 없다. 똑똑하다는 말의 의미 역시 무척 광범위하다. 이 말은 다양한 뜻으로 분류될 수 있고, 개인 개인은 그 어느 하나에 해당될 뿐이다. 그러므로 적성이 학업에 맞지 않다는 것을 알았다고 해서 마치 인생의 낙오자라도 된 것처럼 좌절감에 빠지는 것은 어처구니없는 일이 아닐 수 없다.

그런데 거의 직장인의 세계밖에 모르는 데다 편협하고 빈한한 가치관에 사로잡혀 있는 어머니는 인생의 성공 여부를 판가름하는 열쇠가 오로지 학력에 있다고 믿어 의심치 않는다. 혹독한 경쟁 사회에서 타인을 딛고 올라가 조금이나마 나은 생활을 하려면 다른 무엇보다 학력이 최고이며, 그것이야말로 출세의 필수 조건이라고 굳게 믿고 있는 것이다.

  착실하게 일하는 남편이 아무리 시간이 흘러도 두각을 나타내지 못하는 것은 이류 대학 출신이기 때문이라고 단정하고, 높은 지위에 오르는 사람이 일류 대학 출신인 것은 부분적인 현실일 뿐인데 그것이 마치 전부인 양 오해한다.

  학력을 고집하다 자립한 젊음을 잃은 자는 수도 없이 많다. 물론 학력을 배경으로 거의 바라는 바대로의 출발점에 선 자도 많다. 그러나 그 후에도 그들이 순조롭게 인생의 여정을 달릴 수 있었는지는 심히 의문스럽다.

  사회는 그렇게 단순하지 않다. 요행히 번영의 시대였던 지금까지는 그럴 수 있었지만, 앞으로 올 쇠퇴의 시대에는 학력이 마지막 카드가 될 확률은 지극히 작다고 해야 할 것이다. 그렇게 유치하고 무모한 기준으로 신입 사원을 채용하는 것은 그 회사와 기관에 젊음이 결여된 증거이고, 그런 일터는 죽은 곳이나 다름없다. 그런 회사는 언젠가 도산의 위기를 맞을 것이고, 국가 기관이라면 세금이나 갉아먹는 무용한 부서로 간주되어 통합, 폐지라는 불운한 신세에 처할 것이다.

학력에 매달려 비교적 안정적인 생애를 보낼 수 있었던 행복한 시대가 과거에는 있었다. 그러나 그런 시대는 벌써 오래전에 끝나고 말았다. 앞으로의 시대에 문제시되는 것은 어디까지나 실무 능력이고 순발력 있는 발상이며, 집요하게 요구될 덕목은 격무를 견딜 수 있는 굳건한 체력과 비정상적일 정도의 복종과 충성심일 것이다.

다양한 놀이, 새로운 도전, 친구나 지인들과의 깊은 교류. 이런 것들을 통해 키웠어야 마땅한 다양한 능력도 없이, 실제로는 별 관심도 없는 지식을 머리에 쑤셔 박느라 젊음을 말살당한 채 흔히 있는 '쓸모없는 고학력자'로 전락해 사회라는 무대에서 밀려난 자가 적지 않다.

그들의 특징은 실제 사회에 나가서도 일일이 가르쳐 주지 않으면 움직이려 하지 않는다는 점이다. 가르쳐 주는 자가 눈앞에 나타나지 않는 한 배우려 들지 않는다. 자신의 관심이 어디에 있는가 하는 기본적인 생각조차 없는 탓에, 친절하고 자상한 지도자가 나타나 그 방법을 가르쳐 주면 확실하게 기억하고 빈틈없이 일을 처리할 뿐인 타율적이며 로봇 같은 인간으로 변했기 때문이다. 그들은 일하는 선배의 모습을 보며 배운다거나 상대가 다소 귀찮아 하더라도 따라다니면서 묻는 일은 전혀 하지 않는다. 누군가가 명령할 때까지 한자리에 멍하니 서 있을 뿐이다. 그리고 그런 자신을 조금도 이상하다 생각지 않는다. 이상한 것은 늘 타자이지 자신은 아니라고 생각한다.

그들의 말 상대는 여전히 어머니밖에 없다. 그러나 그런 어머니도 일에 관한 조언까지는 할 수 없으니, 불평을 늘어놓거나 의논을 하려 들면 열심히 하라는 말만 반복할 뿐이다.

하기야 그런 정도는 그나마 나은 편인지도 모른다. 실제로는 성적이라는 기억력의 경쟁 단계에서 패하는 자의 숫자가 훨씬 많다. 그런 상황에서 사고의 전환에도 실패하면 그들 앞에 기다리는 것은 비참한 날들뿐이다. 주위에서 들려오는 가차 없는 비판의 목소리에 쫓기다 끝내 자신의 내면에서 낙오자라는 결론이 나오는 순간 그럴 필요가 전혀 없는 자포자기의 나락으로 굴러떨어지고 만다.

가던 길에서 돌부리에 걸려 넘어졌다면 바로 다른 길을 찾으면 될 일인데, 잠시 넘어졌을 뿐인데, 다른 선택은 아주 당연하고 자연스러운 일인데, 그 전까지 손에 손을 맞잡고 오직 한길만을 걸어왔던 어머니와 자식은 단 한 번의 실패에 의기소침해지고 만다. 두 번,

세 번 같은 꿈에 도전했다가 실패할 때마다 절망감에 시달리게 된다.

그러다 급기야 어머니는 어느 날 갑자기 그렇게 공들여 키운 아들을 포기하고 만다. 전에 남편을 포기하고 돌아보지 않았던 것처럼 이후에는 아들을 본 척도 하지 않는다. 그 시점에 어머니의 애정이란 진정한 사랑과는 거리가 먼, 타산적인 후원에 불과했다는 것이 폭로된다.

남편에 이어 아들까지 미련 없이 던져 버린 어머니는 기가 꿀리는 일 없이, 여자 특유의 강인함을 발휘해서 재빨리 방향을 튼다. 그리고 절망에서 이내 일어나 이번에는 삶의 보람을 찾아 가정 밖으로 나선다. 뜻대로 되지 않아 생긴 인생의 빈틈을 다른 즐거움으로 메우려 아등바등하는 것이다.

같은 처지에 있는 여자들끼리 어울리고 여행을 하거나 공연을 보러 간다. 문화센터에 다니는가 하면 한류 스타를 쫓아다니고, 정체 모를 봉사 활동에 몰두한다. 그런 그녀들의 모습은 어딘가 모르게 오싹하기까지 하다. 애처로우리만큼 편협하고 빈한한 마음이 고스란히 드러나 보이기 때문이다. 너무도 자기중심적이고 천박한 그녀들은 자신들을 노리는 나쁜 남자들의 마수에 걸려 마치 진정한 사랑에 눈뜬 것처럼 행세하면서 이

혼을 결심하지만, 있는 재산을 모조리 털리고 버림을 받는다. 그런 후에야 겨우 정신을 차리고 돌아와 봐야 이미 때는 늦다. 안타깝지만 그런 여자들이 적지 않은 것이 현실이다.

결국은 눈앞의 욕망을 만족시키기 위한 일탈에 불과하고, 이성이라고는 털끝만큼도 찾아볼 수 없는 그녀들의 이기적인 폭주는 멈출 줄을 모른다. 그리고 끝내 가족은 그녀들 손에 뿔뿔이 흩어지고 가정은 붕괴되기에 이른다. 유연성이나 선견지명이 없는 여자가 주도권을 쥐고 하나에서 열까지 지휘하면서 가족 위에 군림하게 되면, 그녀들의 너무도 현실적인 판단과 세상의 흐름에 부합하는 좁은 소견 때문에 가정 전체가 당장에 그릇된 방향으로, 실패하는 방향으로 내달리게 된다. 그리고 그 폭주를 제지 못한 가족은 당사자까지 포함해서 흔히 있는 비극에 휘말리게 된다.

그런데 이렇듯 비극의 원흉이 어머니였다고 단정할 수 있는 가정이 얼마나 많은지 모른다. 포악한 어머니 한 사람 때문에 누더기가 된 가족을 여기저기에서 볼 수 있다. 게다가 그 숫자가 날로 늘고 있으니 한심한 노릇이다.

그녀들은 남편과 자식들이 치를 떨고 있다는 사실을 전혀 깨닫지 못한다. 아니 깨달으려 하지도 않는다. 자신만이 정답을 제시할 수 있는 존재라고 믿어 의심치 않으며, 가족은 그 정답을 그대로 따르면 틀림없다고 확신한다. 그러고는 나날이 자신감이 붙다 못해 무슨 전제군주라도 된 기분에 취한다.

  그러다 가족이 조금이라도 이의를 제기하는 날에는 신경질을 부리면서 대든다. 자기주장을 강경하게 고집하고 절대 양보하지 않는다. 가족이 논리적으로 따지고 들면 이번에는 눈물을 질질 짜는 장면을 연출하면서 가족을 위해 이렇게 온 힘을 다하는 자신을 업신여긴다느니, 죽느니 사느니, 집을 나가느니 마느니 난리를 피운다. 그런 아내이며 어머니를 어이없어 하다못해 남편과 자식은 포기하기에 이른다. 결국 그녀는 반성하는 기색은 전혀 보이지 않은 채 원래의 왕좌를 차지하고 앉아 다시금 어리석고 독선적인 존재로 돌아간다. 그러다 마침내 나머지 가족이 은밀하게 그녀의 죽음을 바라게 되는 지경에 이른다.

## 아내는 엄마였다

  그러나 그녀들을 그렇게 만든 최대의 원인은 남편에게 있다. 근본적인 원인은 남편이 결혼하기 전에 이미 젊음을 잃었다는 것에 있다. 아내와 흡사한 어머니로 인해 젊음을 말살당했고, 내면이 성숙하지 못한 어른이 되고 사회인이 된 탓에 결과적으로 발생할 수밖에 없는 비극이었던 것이다.

일본의 가정을 가부장적인 가장이 군림하는 세계로 알았던 한 외국인이 술 취한 남편을 아내가 아이 다루듯 하는 광경을 목격하고는 달리 평가했다는 옛 일화가 떠오른다. 요컨대 일본의 남아는 오랜 옛날부터 자립한 젊음과는 동떨어지게 살아온 것이다.

군주를 위해 자신의 목숨을 아낌없이 바치는 무사도는 주체성을 방기하고 굴종에서 기쁨을 느끼는, 자립과는 거리가 먼 마조히즘의 전형에 지나지 않는다. 그런 것을 미학으로 여기는 것은 유치하고 뒤틀린 싸구려 작태에 불과하다.

젊음은 곧 자립이다. 자립이란 적확한 판단이다. 판단은 자신의 소망과 욕망에 따라서 하는 것이 아니라, 전체를 바라보고 주변을 파악한 후에 정확성을 기해야 하는 것이다.

그런데 심히 안타깝게도 남자보다 훨씬 욕망에 충실한 (그러지 않고는 아이를 도저히 낳을 수 없을 것이다) 여자들에게 가장 약한 부분이 바로 그것이다. 이 때문에 남편이 아니면 파탄을 향해 치닫는 그녀들의 폭주를 저지할 수 없다.

하지만 아내와 별로 다르지 않은 어머니 손에 자라난 탓에 결혼하기 전에 이미 자립한 젊음이 죽어 버린 남편은 가정을 탄탄하게 이끌고 올바른 방향으로 인도할 수 있는 힘을 애당초 갖고 있지 않다. 그들에게 결혼이란 어머니를 대신할 아내를 취하는 행위에 불과하다. 그러니 거품을 물고 대드는 아내에게 한마디 반론을 펼치기는커녕, 오히려 그런 아내의 모습에서 어머니를 느끼며 편안해 하는 꼴인 것이다.

그들은 아내가 세운 인생의 청사진에 빈틈이 많고 그것을 실현하려면 상당히 무리해야 한다는 사실을 잘 알고 있으면서도 모른 척한다. 그래야 편하게 살 수 있다는 이유로 부끄러운 줄도 모르고 남편이라는 신분을 내던져 버린다. 자신을 자식의 한 명으로 치부하고, 가정에 월급을 가져다주는 자식이라는 뒤틀린 형태의 남편이 되다 못해 끝내는 가정에서 찾을 수 없는 즐거움을 가정이 아닌 곳에서 찾으려 한다. 그런 남편들 중에는 자신을 자식이나 여자로 다뤄 주는 이상한 취미에 몰입하는 자도 있다.

이렇게 해서 세상 남자들은 남편과 아버지라는 역할을 완전히 내던지고 죽은 자로 살아가다가 실로 수치스럽게 생을 마감하게 된다.

## 엄마의 폭주를 막아라

밤하늘에는 무수한 별이 반짝이는데 어머니의 치맛자락에 휩싸여 딱 하나의 별에만 희망을 걸도록 세뇌당한 아들은 일류 대학 입시에 도전했다가 번번이 실패했다는 이유만으로 어머니 손에서 떨려 나간다. 어머니는 하루아침에 자립을 강요하지만 아들은 길 잃은 아이처럼 당황해 할 뿐이다.

"앞으로는 네 힘으로 살아라. 이제 부모 슬하를 떠나야 할 나이도 되었으니 자신의 일은 스스로 결정해야 하지 않겠니. 이만큼 공들여 키워 놓았으면, 부모로서 할 일은 다한 거야. 앞으로는 나도 내 인생을 살 테니, 너도 네 인생을 살도록 해."

그렇게 절연에 가까운 말을 해 봐야, 이미 자립한 젊음을 상실해 이러지도 저러지도 못하는 아들은 의존밖에 모르는 유아 상태에 있을 뿐이다. 어머니에게서 버림받았다는 의식이 강해지고, 한 가지 길밖에 보지 못한 좁은 시야 때문에 그 마음은 인간과 사회 전체에 대한 불신으로 이어진다. 그렇다고 해도 혼자서는 세상 한가운데로 뛰어들 용기가 없다. 따라서 가장 간편한 도피처인 자신의 방에 틀어박혀 타인과 절연한 채 자신에게 가장 충실한 것은 컴퓨터라고 여기며, 그저 도구에 지나지 않는 가전제품을 유일한 벗으로 삼는 것이다. 그러고는 마치 현실 같은 정보를 무한히 얻을 수 있다고 현혹하고, 얄팍한 감동으로 채색된 가상의 너른 바다에 빠져 죽어 가는 지경에 이른다.

그런 아들이 있는 가정은 다시금 새로운 고뇌의 씨앗을, 거의 해결이 불가능한 심각한 문제를 껴안게 된다. 어머니보다 더한 괴물이 탄생한 것이다.

그런 때일수록 어머니는 쥐고 흔들었던 지배권을 포기하고 그동안 바보 취급했던 남편에게 도움을 청하면서 아버지 역할을 다하라고, 남자답게 사태를 해결해 보라고 다그친다. 그러나 정신이 해이해져 꼴만 남자에 불과한 남편, 애당초 자립한 젊음 따위는 갖고 있지 않았던 아버지에게 그런 능력이 있을 리 없으니 그저 우왕좌왕할 뿐이다. 아버지는 입을 꾹 다물고 아내의 집요한 질책과 욕설을 흘려들으며 오직 시간이 해결해 주기를 기다리는 한심함밖에 보여 주지 못한다. 그는 괴물로 변한 아내와 괴수가 된 아들 사이에 끼여 질식사할 지경에 이르러서는 죽은 척 하다못해 산 주검으로 사는 인간으로 전락한다. 야생동물의 찬란함을 한 번도 발휘하지 못하고 무위한 나날에 매몰되어 운신을 하지 못하는 상황에 내몰린다. 그러다 어느 날 불쑥 집을 떠나 소식을 끊어 버리는 경우도 있다.

이렇게 하여 한 가정의 비극이 대물림되고 세상에 만연하게 되는 것이다.

한편, 그런 사적인 비극이 때로는 범죄라는 형태로 나타나 사회를 두려움에 떨게 하기도 한다. 냉철한 판단력 없이, 그저 감정에 휘둘려 무모한 결단과 강행을 거듭해 온 어머니는 그 맹목적인 애정 때문에 자식을 성격 이상자로 만들어 놓는다. 지금까지의 노력은 그러기 위한 분투에 불과했던 것이다.

그런 어머니의 희생자인 아들은 순조로운 인생 여정에서 벗어나지 않는 한 자신감과 자긍심에 넘치고, 어머니의 뜻에 어긋나는 일은 절대 하지 않으며, 어머니에게서 칭찬받는 것만을 유일한 생의 보람으로 여기면서 면학에 열중한다.

그러나 살다 보면 누구나 흔히 맞닥뜨리는 좌절 한 번에 큰 충격을 받자마자 손을 쓸 수 없을 정도로 이성을 잃고 만다. 기억력이 탁월한 자에 비해 자신의 능력이 다소 거기에 미치지 못한다는 냉철한 판단을 하지 못하고는 낙담하고 절망하면서 느닷없이 자신이 아닌 누구에게 책임을 전가하는 것으로, 그 누군가를 심하게 증오하는 것으로 위안을 얻으려 한다.

그런 때 우선적으로 표적이 되는 것은 가까이에 있는 사람이다. 부모에게 가장 먼저 증오의 칼날을 겨누는 것이다. 자신이 지닌 능력을 충분히 발휘하지 못한 것은 부모의 애정과 지원이 부족했기 때문이라고 지껄인다. 공부방의 환경이 좋지 않았기 때문이고, 텔레비전 소리가 컸기 때문이고, 밥상을 성의 있게 차려 주지 않았기 때문이라고 생트집을 잡으면서 욕설을 내뱉을 때마다 부모에게 책임이 있다는 확신이 굳어 간다. 배신당했다는 생각도 점차 깊어져 이 세상에서 가장 큰 적은 부모라고 단정한다. 급기야 폭언이 폭력으로 발전하고 만다.

아들의 그런 변모에 단번에 정나미가 떨어지고 화가 난 어머니는, 지금껏 그렇게 치켜세워 왔던 자신의 불찰은 까맣게 잊고서 속내를 터뜨리고 만다.

"너는 어차피 이류 대학 갈 머리밖에 안 되잖아. 나이를 그렇게 먹고서도 이해력이 그 정도밖에 안 되어서야 일류 대학은 꿈도 꿀 수 없지."

그 말에 아들은 더욱 미쳐 날뛴다. 그리고 얼마 후, 뉴스거리가 되는 최악의 결과를 초래하기도 한다.

아들이 부모 속을 썩이는 동안은 그나마 낫다. 뒤틀린 분노의 화살이 사회로 향하는 날에는 제삼자에게도 크나큰 피해를 끼치게 된다. 이렇게 우수한 자신을, 이렇게 노력에 노력을 거듭해 온 자신을 무시하고 업신여기는 사회가 나쁘고 이 세상이 잘못된 것이라고 일방적으로 단정하고, 고차원적인 사고를 바탕으로 자기희생을 각오한 변혁을 꾀하는 것이 아니라 생떼를 쓰는 것이나 다름없는 가장 유치한 길을 택하고 만다.

분노의 화살을 사회로 돌린 그들은 사람이 많이 모인 곳에서 칼을 휘둘러 타인을 무차별적으로 살상한다. 초등학교 시절까지 거슬러 올라가 자신을 괴롭힌 친구, 근거 없이 벌을 준 선생을 억지로 적으로 만들고, 귀여워하던 강아지를 보건소에서 데리고 갔다느니, 교수가 의논 상대가 되어 주지 않았다느니 하는 당치 않은 이유를 들어 과격한 폭력 행위를 불사한다. 제정신으로는 할 수 없는 그런 짓거리로 자신이라는 존재를 세상에 알리고 앙갚음하려 든다. 또는 성적으로 왜곡되어 어린 여자아이를 유괴해 장기간에 걸쳐 가두거나 젊은 여자를 닥치는 대로 살해하기도 한다.

그런 지경에 이르면 이미 인간이라고 할 수 없다. 그들은 어머니의 과도한 애정 때문에 젊음을 박탈당한 끝에 생겨난 괴물이다. 그렇게 끔찍한 부류의 인간들이 부당한 이익을 노리는 범죄자들과는 별개로 존재하고, 그럴 가능성을 품은 자들까지 포함해서 그 수는 해마다 증가하고 있는 것으로 보인다. 즉 지구 온난화 현상보다 훨씬 더 심각한 문제를 껴안은, 과거에 그 예가 없었을 정도로 위험한 시대에 돌입한 것이다.

이 골치 아프기 짝이 없는 문제를 어떻게 하면 막을 수 있을까. 효과적인 방법은 과연 있는 것일까. 물론 있다. 어머니의 미쳤다고밖에 할 수 없는 폭주를 막는 것이다. 그 외에는 없다.

 지금은 그녀들의 파렴치한 삶의 모습을 웃음거리와 경멸의 대상으로나 삼을 때가 아니다. 말은 간단하지만 그렇게 간단한 문제가 아니다. 그녀들 역시 괴물이기 때문이다. 그녀들은 냉철하고 합리적인 논리에 귀 기울이는 상대가 아니다. 지금을 살아가기 위해 거의 욕망과 감정과 착각밖에는 염두에 없어 제삼자의 논리적인 충고에 순순히 따를 가능성은 전혀 없을 것이다.


## 배수진을 치고 아내에 맞서라

 그렇게 자기중심적인 사고와 삶의 방식으로 똘똘 뭉친 어머니를 어떻게든 할 수 있는 자는 그녀의 남편뿐이다. 남편에게는 가정을 이끌어 갈 의무와 책임이 있다. 그 의무와 책임을 방기한 자는 남편도 아니거니와 어른도 아니다. 남자일 수도 없다.

 한편 남편이 아닌 타인이 끼어들 수 없는 문제에 굳이 개입하려는 이가 있다면, 그들은 전문가의 얼굴을 한 사기꾼임이 분명하므로 그들을 상대로 의논하는 안이한 발상은 하지 않는 편이 좋을 것이다.

이제 남편이며 아버지인 당신이 나설 차례이다. 더는 피해서는 안 된다. 인생에서 가장 중요한 장면이다. 그러는 수밖에 달리 방법이 없다. 무슨 일이 있어도 아내를 굴복시키지 않으면 안 된다. 그러지 않고는 시간만 흐를 뿐 문제는 조금도 해결되지 않는다. 그 지옥 같은 상황은 평생에 걸쳐 계속될 것이다.

당신이 아내를 굴복시키는 데 성공한다면 아들의 태도 역시 변화시킬 수 있을 것이다. 왜냐하면, 아들은 지금까지 당신을 업신여겼고 어머니의 시종 정도로밖에 여기지 않았기 때문이다. 최고의 강자는 어머니라고 믿고 있었다.

당신은 여세를 몰아 이번에는 조금씩 당신을 다시 보게 된 아들과 대치해야 한다. 이때는 결투할 각오까지 다져야 한다. 차분하고 진지하게 대화를 나누면 알아듣는 단계는 이미 지났기 때문이다.

그러나 보통 남편들의 실상은 한심하다는 한마디면 족하다. 겉모습은 남자이나 속은 남자가 아니다. 꼴은 가장이나 그 실태는 호적상의 장식물에 지나지 않는다.

대부분의 남자가 결혼할 자격도 없으면서 그저 이 세상의 관습에 따라 결혼하고, 남편으로서 자격이 없으면서 아내를 얻고, 아비의 자격이 없으면서 아이를 낳고 만다. 그러니 가정 안에서 소요가 일어날 수밖에 없는 것이다. 남편이 되고부터 진정한 남편이 되어 가고, 부모가 되고 나서야 진정한 부모가 되어 간다는 실천주의를 부정할 마음은 없다. 하지만 그것은 성숙한 남자가 되기 위한 최소한의 기초를 닦아 온, 자립한 젊음을 체득한 남자에게나 해당되는 일이다.

일을 하고 수입이 있다는 것만으로는 남편이라고, 아버지라고 할 수 없다. 가정을 견실하게 꾸려 나가며 자식에게는 자립의 길을 열어 주고, 구체적인 방안을 그때그때 가족들에게 제시할 수 있어야 남편이며 아버지라 할 수 있다. 또 반드시 그래야 하는 이유를 분명하게 설명하고, 거기에서 벗어날 경우에는 단호할 수 있어야 한다. 그리고 당연히 스스로가 먼저 모범을 보여야 한다.

무슨 소리냐, 그렇게 답답한 인생을 살기 위해 태어난 것이 아니다, 그래서야 무슨 재미가 있다는 말이냐. 그렇게 반론하고 싶다면 결혼하지 말았어야 한다. 자식도 낳지 말았어야 한다. 그런 당신은 평생을 독신으로 지냈어야 한다. 그러면 객사를 하든, 술과 여자와 도박에 빠지든, 당신 이외의 피해자는 없을 테니까.

만약 당신이 재기와 부활의 능력을 갖고 있다면, 어

면 사태에 직면하든 원래로 돌아갈 수 있는 힘이 있다면, 이렇게 보여도 최후에는 남자의 저력을 보여 줄 수 있는 사람이라는 자부심을 남몰래 품고 있다면, 지금이야말로 남자로서 진가를 발휘해야 할 때이다. 배수진을 친다는 각오로 알게 모르게 무적의 대마왕으로 변한 당신의 아내와 대치하고 대결할 일이다. 자녀를 비정상적으로 교육하는 방식을 지적하고, 딸이라면 몰라도 아들은 어머니의 손아귀에서 벗어나게 해야 한다.

그리고 아내에게 이렇게 단언한다.

"당신의 꿈을 더는 자식에게 강요하지 마시오. 자식의 미래는 자식의 손에 맡겨야지. 이제 당신의 인생만 생각하면 되오."

또 아들에게는 이렇게 말한다.

"학교를 졸업하면 나가서 일을 해라. 이상적인 일자리를 찾지 못했다고 해서 집 안에서 뒹굴면 안 된다. 네가 살 곳도 찾아라. 너만의 둥지를 찾도록 해라. 만약 때가 되었는데도 집에 눌러 있다면 완력을 써서라도 내쫓을 거다. 부모가 자식에게 쏟는 진정한 애정은, 자식이 자기 힘으로 살아갈 수 있도록 키우는 것이다. 어머니의 맹목적인 애정은 너를 못 쓰게 만들 뿐이다.

우리는 노쇠하든 병에 걸리든 너에게 신세 질 마음이 털끝만큼도 없다. 너에게 돌봐 달라고 할 마음도 절대 없다. 네 인생을 물거품으로 만들려고 너를 낳은 것이 아니다. 자, 이제 어떻게 할 것이냐. 남 탓만 하지 말고 혼자 힘으로 살아가도록 해라. 네 힘으로 세상에 나가 하나에서 열까지 스스로 해결하도록 해라. 그럴 능력은 이미 갖추고 있을 거다. 할 수 없는 것이 아니라 하려 하지 않을 뿐이다. 밖으로 끌어내지 못한 능력은 없는 것이나 다름없다. 편한 인생만 선택하려 해서는 안 된다.

우선은 너의 끼니를 해결할 수 있게 일을 해라. 큰소리는 그 다음에 쳐도 된다. 사지가 멀쩡한데 부모에게 얹혀사는 삶을 수치스럽게 여기지 않는 자식은 쓰레기다. 이러쿵저러쿵 변명을 늘어놓으면서 이루지도 못할 꿈을 미끼로 어머니에게 돈을 우려내는 놈에게 미래는 없다. 그런 자식은 부모가 죽는 순간에 죽는 도리밖에 없다. 무슨 일이 있어도 꿈같은 인생을 보내고 싶다고 고집을 피우며 집에 눌러살 작정이라면 아버지와 담판을 짓자. 치고 박고 싸우게 되어도 상관없다. 그러니 사양 말고 덤벼라. 애당초 너 같은 인간은 살 자격이 없다. 자식을 그렇게 키운 나도 똑같으니, 어느 쪽이 죽어도 상관없다. 자, 덤벼라."

그런 정도의 기개로 임하지 않으면 진정한 가정과 가족의 모습으로 절대 돌아갈 수 없다. 가정의 골치 아픈 문제를 부모 대신 해결해 주는 전문가들이 있기는 하다. 민간 시설도 없는 것은 아니다. 하지만 돈으로 문제를 깔끔하게 해결하겠다는 발상 자체가 안이하다. 큰 잘못이다.

부모 자식의 문제에 타인을 개입시키면, 표면적으로야 해결을 볼 수 있어도 돌이킬 수 없는 응어리가 남을 수 있다. 자식은 부모의 한심함과 교활함을 경멸할 것이고, 부모는 자식을 자식으로 여길 수 없게 될 것이다.

그러니 남편이며 아버지인 당신이 마음을 단단히 먹고 실행에 옮기지 않으면 진정한 의미의 해결은 있을 수 없다. 당신 스스로가 변하지 않고는 당신의 아내, 당신의 자식 또한 변하지 않을 것이다. 당신이 스스로 변해 문제를 해결하고 끝맺었을 때에야 비로소 당신은 자립한 젊음을 되찾고, 아내와 아들 역시 진정한 의미의 젊음을 되살리게 되는 것이다.

"말이니 쉽지, 할 수 없는 건 할 수 없는 겁니다."

나를 향해 그렇게 투덜거려 봐야 아무 소용없다. 이는 당신 스스로가 하느냐 마느냐의 문제이지, 제삼자에게 투덜거린다고 어떻게 되는 일이 아니다. 이제 변명은 통하지 않는다. 두 번 말할 필요 없다. 인생은 처음부터 끝까지 시련과 싸움의 연속이다. 아무리 윤택한 환경에 있는 자라도 시련을 피해 갈 수는 없다. 인간이란 그렇게 살 운명이다. 그 또한 인간 역시 야생동물의 일원이라는 증거이다. 야생동물이라면, 자신이 지닌 모든 능력을 발휘해 살아가지 않으면 안 된다. 그렇게 인생의 길을 걸어야 생명은 그 빛을 발하고, 진정한 젊음도 획득되는 것이다.

영원한 안정, 끊임없는 안락, 한없는 도피. 그런 것은 왜곡된 인간 사회가 낳은 망상에 지나지 않는다. 또는 타인의 주머니를 노리고 필요하지도 않은 물건을 강매하려는 악랄한 장사치들, 권력욕에 사로잡힌 위정자들, 신을 자처하거나 하늘에서 내린 신의 사자인 척하면서 노동을 회피하려는 종교인들이 자신들의 불합리한 자리를 지키기 위해 난발하는 공수표이다.

결국 마지막에 남는 것은 자신이다. 의지할 수 있는 것도 자신뿐이다. 그것은 철칙이다. 그 사실을 잊지 않는다면, 당신의 젊음은 평생 말살당하지 않고, 이 세상을 잘 살았다고 실감할 수도 있을 것이다.

# 2장

## 직장에 길들지 마라

당신의 젊음을 죽이는 것은 친족에 대한 과도한 의존이다. 그러나 더욱 큰, 최강의 적은 직장인이라는 신분에 대한 의존이다.

당신이 만약 안이한 판단으로든, 숙고 끝에 내린 결정으로든 직장인이라는 직업을 선택했다면, 그 순간 자유롭게 살 권리의 90퍼센트를 포기한 셈이 된다. 즉 당신은, 누가 강압적으로 뺏은 것도 아닌데, 스무 살 전후에 일찌감치 노쇠의 길을 걷게 된 것이다.

학생 시절까지는 그럭저럭 빛을 발했던 젊음의 광휘가 직장인이 되는 순간 흐릿해진다. 잿빛 나날에 던져져 하루가 다르게 표정은 퉁명스러워지고, 대학 축제의 추억담으로 도피할 수밖에 없는 답답하기 이를 데 없는 세계에 갇히고 만다. 그것은 이미 인생이라고도 할 수 없는 생활이다. 기껏해야 죄수나 노예의 생활이다.

다시금 묻겠다. 당신이 직장인이 되려고 한 근거는 무엇이었나.

대를 이어 갈 만한 가업도 재산도 없고, 자영업을 시작하기에는 자금이 없고, 친구 대부분이 직장인이 되었고 부모와 친척 어른들도 직장인으로 살고 있으니, 딱히 이렇다 하게 하고 싶은 일이 없고 세상은 그렇게 이루어져 있으니 당연히 따랐을 뿐이다. 그런 이유로 결정한 것인가. 만약 그렇다면, 당신은 얼토당토않은 오류를, 평생을 물거품으로 만들어 버릴 중대한 실수를 범한 것이다.

직장인이 된 지 1년, 아니 반년 후면 죽은 것이나 다름없는 몰골로 변해 있을 당신의 모습이 그 증거이다. 그 후에는 자신을 속이기 위해 조잡한 즐거움을 찾으면서 하루하루를 넘길 뿐이다. 동시에 자기변명의 말을 끊임없이 늘어놓으면서, 주위 사람들도 자신과 비슷하게 무거운 발걸음으로 인생의 험한 길을 걷고 있다는 것을 확인하면서, 실제로는 살 의미 따위는 하나도 없는 인생을 보내게 된다. 당신은 당신의 자립한 젊음을 스스로 도랑에 내던졌다.

## 도망치는 인생에는 과거밖에 없다

실은 이렇게 말하는 나도, 그런 막연한 생각으로 직장인으로 살았던 적이 있다. 하지만 다행히, 자립한 젊음이 바람 앞의 촛불 같은 지경에 있다는 것을 재빨리 깨달았다. 안정을 얻는 대신 무엇을 희생했는지를 단박에 알아차린 것이다. 그 희생이 얼마나 큰 것인지도 분명하게 인식했다. 자유와, 일개 독립한 인간으로서 존엄성을 고스란히 빼앗기고 있다는 것을 알았다. 즉 노예의 처지와 조금도 다르지 않다고 해석한 것이다. 내게 그것은 어떤 말로도 얼버무릴 수 없는 사실이었다. 그래서 3년 후, 지금의 일로 직종을 바꾼 것이다.

그런데 같이 입사한 동기들은 어째서인지 직장인이라는 신분을 나만큼 심각하게 재고하지 않았다. 그렇게 옴짝달싹할 수 없는 처지에 놓인 채 살아가는 사람이 너무 많은 탓에 그들이 받은 충격은 삽시간에 완화되었다. 온 주위에 비슷한 인종들이 득시글거리는 통에 위화감도 순화되어 얼마 지나지 않자 자학적인 안도감을 품게 되었고, 또 몇 년 후에는 어쩌다 가끔 답답함을 느끼는 정도에 불과했던 것이다. 그렇지 않은 경우에는 자신에게 다른 능력은 없다는 체념에 이르러 미적지근한 생활에 그저 익숙해지기 위해 세월을 보내다 보니, 나이로 봐서는 아직 청년의 몸인데 젊음은 한 터럭도 볼 수 없는 자가 되어 산 채로 잡아먹히는 물고기 신세가 되고 말았던 것이다.

바라지도 않았을뿐더러 한마디 의논도 없었는데, 상부의 불합리한 판단에 따라 적재적소와는 거리가 먼 부서 이동이 있거나 인사 발령이 떨어진다. 출세 경쟁에서 비롯되는 추악한 줄다리기, 파벌 싸움, 지나치게 단순하고 허접하기 이를 데 없는 업무, 복잡한 인간관계, 끝없이 집과 직장 사이를 오가는 생활, 존경스럽지 못한 상사에 대한 아부, 직장이라는 좁은 세계에서 들리는 소문에나 열중하는 자신, 비애감에 젖을 뿐인 망년회와 직장 동료들끼리의 짧은 여행, 에너지의 일부만 일에 쏟는 조직원들의 행태, 정년퇴직, 명예퇴직, 감봉, 도산, 흡수합병, 전직, 실직, 재취직.

게다가 장기화에 만성화까지 겹친 이 불황 탓에 직장인의 세계에서 장기적인 안정을 바라는 것은 무지개를 좇는 행위나 다름없게 되었다.

무지개 같은 안정에 매달려 있는 사이에 당신은 자립한 젊음을 말살당하고, 패기를 송두리째 빼앗기고, 영혼마저 상실하고 만다. 자신이 정한 목표를 향해 모든 능력을 동원해서 도전하며 사는 삶의 진정한 기쁨을 모르고 고용주에게 종속된 몸으로 정해진 시간을 소모할 뿐이다. 그러다 마지막에는 최대한 편한 길을 걷고 싶어 하는 얼간이로 추락하고 말 것이다. 그렇게 되는 날에는 이미 어떻게도 손을 쓸 수가 없다. 주어진 일, 강요된 일거리를 성실하게 해치우며 운 좋게 정년까지 같은 직장에 들러붙어 있었다고 해 봐야, 체력은 남아돌아 가고 여생은 길기만 하다. 몇 푼 안 되는 퇴직금과 꽃다발과 치하의 말에 소소한 성취감과 해방감을 만끽하면서 몇 달은 지낼 수 있다고 치자. 그 후에는 장밋빛 여생이 아닌 가시밭길이 기다리고 있을 뿐이다.

  또 회사의 부도와 해고 바람으로 한창 일할 나이에 직장에서 쫓겨난 자들은 시야가 좁고 자신감도 없는 탓에 또다시 고용인 신세로 돌아가는 것밖에 염두에 없다. 구인, 채용 정보를 제공하는 사이트의 단골손님으로 들락거려 보지만, 결국 어느 직종이나 불경기 때문에 취직이 쉽지 않다는 것을 아는 시점에 스스로 살아남기 위한 가능성을 포기해 버리고 만다. 가정을 버리거나 가족에게서 버림받아 거리로 나가서는 부랑자라는 밑바닥 인생을 선택해, 무질서한 생활을 자유라고 착각하면서 잠재 능력에는 손도 대지 않은 채 행려병자라는 나락으로 굴러떨어진다.

  앞으로 학교를 졸업하고 사회로 나가려 한다면, 당신은 다시 한 번 차분하게 곰곰이 생각해 보기 바란다. 정말 직장인으로 일하고 싶은가. 그것은 충분히 숙고한 후에 결정한 일인가. 그 직장이 당신이 바라던 일을 할 수 있는 곳이고, 인간관계도 더할 나위 없이 화기애애하고, 납득하기 어려운 업무 지시 따위는 전혀 없고, 가혹한 야근과 조기 출근도 없고, 월급은 해마다 착실하게 올라가고, 보너스도 꼬박꼬박 들어오고, 자신을 드높일 수 있으며, 매일 설레며 출근할 수 있는 곳이라고, 그렇게 정말 믿고 있는 것인가.

선배나 아버지에게 그렇게 자세한 것까지 물어보았는가. 그들도 정말 만족하고 있는지 물어보았는가. 가능하다면 다른 일자리를 찾고 싶지는 않았는지 물어보았는가.

아니면 당신은 당신의 가치를 과소평가하고 있는 것인가. 타인이 엉덩이를 걷어차 주지 않으면 살아갈 수 없는, 그 정도 인간에 불과하다고 단정하고 있는 것인가. 무엇보다 성적이 자신의 능력을 말해 주고 있다고 믿고 있는 것인가. 우수한 성적에 자신감만 부풀어 이런 배경이 있으니 쉽게 발돋움할 수 있으리라 판단한 것인가. 자신 속에 잠들어 있을지도 모르는 온갖 가능성과 능력을 일일이 시험하고 확인한 후에 결정한 일인가. 편하게 돈을 벌 수 있는 일이라고 생각했기 때문인가. 그런 직장이 정말 있다고 생각하는가.

무언가를 추구하는 인생에는 미래가 있고, 도망치는 인생에는 과거밖에 없다.

아니 그 무엇보다, 당신은 직장인의 그 굴욕적인 생활을 정말 알고 있기는 한 것인가. 아버지를 비롯해서 직장인으로 사는 지인들의 생활상을 면밀하게 관찰해 본 적이 있는가. 제아무리 발버둥쳐 봐야, 당신 역시 그렇게 될 뿐이다. 그들이 문득 떨어뜨린 시선에서 오싹하리만큼의 허무감을 느낀 적은 없는가. 멀어지는 그들의 뒷모습에서 헤어날 길 없는 고독감을 느낀 적은 없는가.

그들이 일을 끝내고 집으로 돌아가는 길에, 몸을 가누지 못할 정도로 술에 취해 자신이 토한 오물에 얼굴을 처박고 쓰러져 있는 그 형편없는 꼴을 당신은 어떤 심정으로 바라보는가. 당신은 그들처럼 되고 싶은 것인가. 그래서 하고 싶지도 않은 공부에 정진하고 입시 전쟁에 몸을 던졌던 것인가. 청춘기를 암울하게 보낸 대가로 높은 학력을 얻은 것인가.

관리가 된 당신은 서민을 속이고, 게으름을 피우고, 출입하는 업자에게서 금품을 뜯어내고, 골프와 술판을 강요하고, 정치가를 감언이설로 꼬드겨 자기 배를 불리고, 낙하산 인사를 거듭해 세금을 갈취하고, 음험하고 음산한 출세 경쟁에 핏발을 세우고, 그 마지막 마무리로 훈장 따위를 받아 황홀경에 젖는 저급하고 악질적인, 차라리 도둑이나 야쿠자가 더 낫겠다고 여겨질 만큼의 인간이 되는 것이 생의 꿈이며 목표였다는 말인가.

취직 빙하기라고 한탄하기 전에, 오히려 이를 기회 삼아 미래 지향적인 발상을 해 보는 것은 어떨까. 운이 없다고 투덜거리기 전에 안이한 생각으로 직장인이 되려고 했던 자신을 훈계하고자 운명의 힘이 작용한 것은 아닐까. 그렇게 생각을 바꿔 보는 것은 어떻겠는가.

서로 경쟁하고 빼앗으면서까지 쟁취해야 할 일자리가 아니다. 실제로 해 보지 않고서는 알 수 없지 않느냐. 당신은 그렇게 말하고 싶어 할지도 모르겠으나, 한번 직장인의 세계에 몸담고 나면 이미 당신의 젊음은 말살당해 그저 얼간이로 추락하는 도리밖에 없을 것이다. 구직에 번번이 실패했다면 거기엔 어쩌면 하늘의 도움이 있었는지도 모른다. 당신에게 당신 자신일 수 있는 행운이 작용했는지도 모른다. 그렇게 해석해야 할 것이다.

만약 당신이 오랫동안 직장인으로서 경험을 쌓아 정년까지 앞으로 10년에서 20년이 남아 있는데 그 세계에 의문을 품고 있다면, 이대로 계속 일하는 것은 결국 어리석은 짓이라는 결론을 얻게 될지도 모른다는 의심을 품고 있다면, 더는 주저할 필요 없다.


### 산 자로 살고 싶다면 자영업에 뛰어들어라

이참에 좀 더 조건이 좋은 직장이 있지는 않을까 하는 환상을 깨끗하게 버리고 자영업의 세계에 초점을 맞추는 건 어떤가. 그리고 결심이 섰다면 당장에 직장인의 세계에서 뛰쳐나와야 할 것이다. 그때 절대 바라서는 안 되는 조건이 다름 아닌 안정이다. 안정을 추구하기 위해 자영업으로 전직한 경우, 불안과 공포에 시달려 자아를 잃어버릴 수도 있다. 안정을 얻으면 얻는 대로 흥이 깨지면서 직장인의 세계에서 느꼈던 것과 똑같은 공허감에 시달리게 될 것이다.

분투, 혼란, 내일 자신이 어떻게 될지 모르는 두려움. 그것이야말로 당신의 내면에 잠들어 있는 능력을 일깨우고, 생각지도 못한 힘을 발휘하게 하며, 당신이 꿈에 그리던 인간의 모습으로, 아 내게 이런 면도 있었구나 싶을 정도로 당신을 변모시킬 것이다.

표정에서 인상, 몸짓까지 변할 것이다. 특히 눈빛이 야생동물로서의 광휘를 되찾아 청춘기와 청년기보다 훨씬 발랄한 당신으로 바뀌어 있을 것이다.

그렇다고 타인이 만든 물건을 팔거나 타인이 명한 물건을 만들고, 사람과 사람 사이를 중재하거나 주식이나 채권, 현금과 부동산 등을 취급하는 형태의 독립은 피하는 것이 좋다. 왜냐하면 설령 그런 일로 큰돈을 벌었다 해도, 아니 벌면 벌수록 정신은 상처를 입게 되기 때문이다. 그런 일을 통해 얻은 광휘는 반짝반짝 빛나기보다 육식 짐승의 그것처럼 번들거리다 못해 방사능 같은 독이 되어 주위의 어느 누구보다 당신 자신에게 피해를 줄 것이기 때문이다. 그러면 당신은 이미 자멸의 길을 피할 수 없다.

수렵 본능을 자극하는 어부 같은 일도 물론 훌륭하지만, 참다랑어를 한 마리씩 낚아 올리는 일은 도박성이 강해 연구한 내용과 절차탁마와 깨달음이 반영될 확률이 지극히 작다. 그래도 그 일이 미치도록 좋다는 사람은 주저 말고 뛰어드는 것이 좋다. 게다가 근자에는 직접 양식하는 어업도 성행해 또 다른 매력을 느낄 수 있다.

아무튼 무언가를 만들어 내는 것보다 멋진 일은 없다. 그렇더라도 고용인의 몸으로 만들어서는 의미가 없다. 하청업이라는 굴욕적인 일은 반드시 피해야 한다. 어디까지나 독립적인 입장에서 물건 만들기를 지향하는 것이 관건이다. 그러나 손쉽게 배우고 익힐 수 있는 일은 없다. 있다고 해야 누구나 손쉽게 흉내 낼 수 있는 일로는 먹고살 수가 없을 것이다. 따라서 당연히 오랜 수련 기간이 필요한 일을 선택해야 한다.

수련 기간을 거쳐 장인이 되었다고 그 일로 먹고살 수 있는가 하면, 꼭 그렇지는 않다. 특히 예술품 만들기를 지향한다면 길거리에 나앉기 십상이다. 그런 위험성까지 분명하게 인식한 후에 도전한다면, 당신의 선택은 삶의 증거가 될 것이다. 수련하면서 노력을 즐길 수 있는 단계가 되면 길도 절로 열릴 것이다. 무책임한 말일 수도 있으나, 자영업의 길은 요컨대 본인 의지에 달렸다고 해야 할 것이다.

혼란스러운 처음 단계를 참고 견뎌 무사히 이겨 내면, 한 치 앞도 알 수 없는 미래이기에 거기에 삶의 가치가 있고, 하루하루가 즐거운 그 두근거림이 자립한 젊음의 원천이 된다는 사실을 절로 깨우칠 것이다.


## 진정한 자신으로 돌아가는 데
## 농사만 한 것이 없다

만약 당신이 먹고살 수 있느냐 없느냐 하는 지극히 심각한 문제를 그리 고통스럽게 여기지 않아도 될 일을 찾는다면 우선 농업을 추천하고 싶다.

농업에 종사하는 사람들 중에는 굶어 죽는 사람이 거의 없다. 남들만큼의 수입원도 없고, 남들만큼의 생활 수준도 유지할 수 없어 가난뱅이 신세로 내몰리는 사태에 직면한다 해도, 자신의 먹을거리까지 잃는 일은 없기 때문이다. 그것이야말로 농업의 가장 큰 강점이다. 식량을 만드는 자가 굶어 죽는 시대가 온다면 세계의 종말이라 할 것이다.

다양한 각도에서 검토해 보면, 어느 시대에서든 농업이 가장 강력한 일이었다. 머지않아 식량난의 시대가 올 것이다. 이는 어디까지나 나 개인의 직감에 따른 통찰에 지나지 않지만, 선진국에서도 굶어 죽는 자가 속출할 정도의 비참하고 절박한 시대가 다가오고 있지 않나 생각한다. 다양한 통계 수치도 그 점을 명시하거나 암시해 주고 있다.

아무리 어리석은 자라도, 인구가 지나치게 팽창하고 온난화의 속도가 빨라지는 이상 현상을 막지 못하고 있는 현황에서 미래 지구의 모습을 상상할 수는 있을 것이다. 먹을거리를 둘러싼 대혼란과 그로 인한 전쟁과 파멸이라는 비극은 이미 막을 올렸다.

그런데 눈앞에 닥친 이런 현실에 대한 인식이 너무도 부족하다. 그러니 절호의 기회라고 할 수 있을지도 모른다. 쇄국시대의 잔재인지 협소한 세계관밖에 지니지 못한 일본 국민은 목전의 안정과 평균적인 생활이 행복의 최소한의 조건이라는 속박에서 벗어나지 못하고 농업을 기피하는 방향으로 움직여 왔다. 농업을 해서는 먹고살 수 없다, 농업으로는 남들 같은 생활을 할 수 없다는 발상 때문에 농업 인구는 해마다 감소했고, 남아돌아 가는 광활한 농지가 재이용되는 일 없이 방치되고 말았다. 말하자면, 다가올 혼란과 비정한 시대에도 살아남을 수 있는 열쇠이고 보물산이며 자유를 향한 우회로인 농지가 전국 각지에 널려 있다는 뜻이다. 실로 아까운 일이 아닐 수 없다. 이를 활용할 수 있는 방법은 없을까.

농민 대다수가 농업을 포기한 가장 큰 원인은 농업만 해서는 보통의 생활을 누리기 어렵다는, 직장인에 버금가는 수준의 생활을 할 수 없다는 것이었다. 아무리 나이를 먹어도 자아가 온전하게 확립되지 않고, 확립하려 들지도 않으며 어떻게든 이웃과 어깨를 나란히 하고 싶어 하는 옹졸한 국민성을 지닌 일본 사람들에게는 근소한 경제적 차이도 견딜 수 없는 비극으로 비칠 것이다.

그런 데다 힘을 쓸 수 있는 젊은이들이 없다는 것도 한 원인이다. 젊은 사람들은 겉만 번지르르한 세련된 생활과 눈앞의 자극과 타인과의 만남을 찾아 생활환경으로는 최악인 도시로 앞을 다투어 나갔다. 스트레스의 온상이나 다름없는 도시의 화려함과 그 번잡함에 속고, 고용인이라는 굴욕적인 신분에도 아픔을 느끼지 못한 채 자신도 모르게 기만으로 얼룩진 생활 속에서 너덜너덜해지고 만다. 그런데도 농업보다 나은 선택이었다는 자부심에는 조금도 흔들림이 없다.

하지만 사람이 굶어 죽는 시대가 오면 얘기는 달라

진다. 농업보다 나은 선택이었다는, 여유로운 인식으로는 살아갈 수 없을 것이다. 누더기를 걸치고 있어도, 하루 만에 돌아오는 짧은 여행은 할 수 없어도, 외식을 즐길 수 없어도, 가전제품과 자동차를 바꿀 수 없어도, 자식들을 상급학교로 진학시킬 수 없어도, 그렇게 좋아하던 술을 끊어야 해도, 먹을거리만 있으면 어떻게든 살아갈 수 있다. 야생동물의 유일하고도 최대의 사명은 살아남는 것이다. 살아남지 못하고서는 문화도 문명도 없다. 돈과 재산이 아무리 산더미처럼 있어도, 사회적 지위가 아무리 높아도 먹을거리를 구할 수 없다면 만사는 끝이다.

농업에는 정년도 없다. 명예퇴직도 해고도 없다. 늙어 체력이 쇠한 탓에 출하할 수 있을 만큼의 양을 수확할 수 없다 해도, 자신이 먹는 정도는 손쉽게 해결할 수 있다. 이 때문에 마지막까지 살아남는 것은 농업에 종사하는 사람들일 것이다.

상승곡선만을 유일한 주안점으로 두고서 거기에 지나치게 의존한 경제적 번영이라는 무모한 목표는 이미 오래전에 한계에 이르렀다. 결국은 허황된 탁상공론에 불과했던 사회주의와 마찬가지로 지나치게 현실적이었던 자본주의 또한 무참하게 무너지려 하고 있다. 그 징후는 이미 명백하게 우리 눈앞에 펼쳐져 있다.

어차피 종이 쪼가리에 지나지 않는 돈과 채권과 증권, 계약서를 어마어마한 속도로 회전시켜 유지해 왔던 풍요로움도 지금은 완전히 고갈되고 피폐해졌다. 더 이상의 향상은 없으며 앞으로 나아갈 길도 보이지 않아 답답해 할 뿐이다.

개발도상국으로 번영이 이전되어 세계 전체가 어떻게든 유지될 것이라는 이론을 제창하는 자도 적지 않은데, 이는 지나치게 낙천적인 전망이 아닐까 한다. 대량생산과 대량소비라는 시스템 자체에 무리가 있는 것이다. 거기에서 얻어 온 축복과 행복에 의심을 품는 자, 거기에 놀아나서야 되겠느냐고 정신을 차린 자들이 급증하고 있다.

제2차 세계대전을 무사히 치렀을 때의 미국처럼, 새로운 전쟁을 일으켜 후퇴한 경기를 다시금 궤도에 올려놓으려 획책해 봐야, 이미 그런 방법은 통하지 않는다. 앞으로는 전쟁을 일으켜 설령 이긴다 해도 얻을 게 별로 없기 때문이다. 결국은 서로가 피해를 보는 결과를 초래할 뿐이니 스스로 무덤을 파는 꼴이다. 아마도 그리 머지않아 세계는 개인적인 생존 경쟁 시대로 돌입할 것이다. 정상적으로 사고할 수 있는 사람들이 고귀한 이념하에 세계를 지도하고 미증유의 참극을 발발 직전에 어떻게든 막아 주는 일은 안타깝지만, 없을 것이다.

자신의 목숨은 스스로 지킨다. 자신의 먹을거리는 스스로 확보한다.

그것은 야생동물에게는 지극히 상식적인 삶의 방식이다. 그런데 자립한 젊음을 잃어버린 현대인에게는 가혹함 그 자체이다. 자신만을 믿어야 하고, 자신 이외에는 아무도 믿지 못하는 벼랑 끝 같은 상황에 몰리면 현대인은 마치 악마나 악귀의 영역에 들어선 듯한 심경이 될 것이다.

그러나 인간은 지금까지 몇 번이나 악마와 악귀가 되어 문명을 구축해 왔고, 불필요한 선까지 번영을 탐식해 왔다. 그리고 종교와 정치, 예술, 철학은 피바람 앞에서는 무력하기 그지없었다. 앞으로도 그 같은 일은 더 격화된 상태에서 반복될 것이다. 어쩌면 인류를 괴멸시키는 것은 자연재해가 아닐지도 모른다.

농지를 매입할 자금이 없는 자도 땅을 빌리면 농업의 길이 열린다. 또 처음부터 직장인 수준의 수익을 올리려 애쓰지 않고, 우선 자신의 배를 채우고 자신의 생명을 이어 가는 자급자족을 목표로 설정하면 무익한 초조감이나 좌절감에 시달리지 않고 무리 없이 시작할 수 있을 것이다.

만약 당신이 단련된 몸을 지닌 청년이라면, 그리고

일자리 찾기에 급급한 나날에 절망한 젊은이라면, 빚 없이도 농업의 규모를 차근차근 확대해 나갈 수 있을 것이다. 경작을 제 손으로 할 뿐만 아니라 판로도 스스로 개척해서, 안전한 농작물을 합리적인 가격에 사고 싶어 하는 특정 다수의 손님을 잡는 것도 꿈은 아니다. 그렇게 하면 설령 식량 쟁탈전이 벌어지는 시대가 오지 않더라도, 당신의 생명과 당신의 존엄과 당신의 자유와 당신의 자립한 젊음은 확고하게 유지될 것이다.

## 타인을 위해 일하려고 태어난 것이 아니다

그러나 그렇게 하기 전에 우선 중요한 것은 당신의 체력보다 정신 상태이다. 자신을 믿고 홀로 설 각오가 되어 있는지, 결과와 책임이 모두 당신에게로 돌아오는 혹독한 상황을 이겨 낼 수 있는지, 아니 그 전에 고독감에 짓뭉개지지는 않을지 걱정스럽다. 선망과 이미지, 도피하고 싶은 충동에 따른 일시적인 결단, 그런 것으로 농업을 선택한 자는 단박에 패배하고 말 것이다. 주위의 이목에 신경을 쓰거나 보통 사람들의 생활과 자신의 생활을 비교하거나 수많은 사람 속에 있지 않다는 점에 소외감을 느끼는 자는 자영업에 걸맞지 않다. 혼란의 시대가 왔을 때, 가장 먼저 자멸의 길을 걷는 자가 그들이다.

이렇게 허영에 들뜬, 몸도 마음도 지치는 부자연스러운 시대가 오래 지속되지는 못할 것이다. 시대는 앞으로 나아가지 절대 뒤돌아 가지 않는다는 사고는 망상이다. 뒤돌아 갈 경우 비극은 과거의 몇 배에 달할 것이다.

만약 당신이 나이도 제법 먹었는데 고용인 신세라는 것에 무상함을 느끼며 겨우 버티고 있을 정도로 궁지에 몰렸다면, 지금의 비참한 처지에 맹렬한 분노를 느껴 정신이 폭발할 지경에 이르렀다면, 당장에 조기 퇴직을 결심하고 실행에 옮겨야 할 것이다. 아직 대학을 졸업하지 않은 자식이 있다면 이 기회에 학비는 제 손으로 벌라고 단호하게 말해야 할 것이다. 무책임하다는 비난을 받을지언정, 그것이 결국은 자식을 위하는 길이다.

제 손으로 벌어 대학을 중퇴하거나 졸업한 후에 제힘으로 먹을거리를 마련하는 것이 부모의 비호 탓에 잃어 간 자립한 젊음을 되찾고, 야생동물로서의 저력을 발휘할 수 있는 계기가 될 것이다. 그래야 비로소 젊은이다운 젊은이로 돌아갈 수 있다.

경제적인 불안정을 두려워하는 아내가 반대하고 나

선다면, 시간을 두고 설득해야 할 것이다. 하지만 논리적으로 당신은 아내를 이겨 낼 승산이 없다. 아내의 말이 전부 옳다.

직장을 그만두는 순간, 당신의 미래는 단박에 어둠에 휩싸일 것이다, 세상은 그렇게 만만하지 않다, 있는 돈을 다 쓰고 나면 인생도 끝날 것이다, 늙어 노쇠하면 어떻게 할 것이냐, 전문적으로 농업을 하던 사람들이 포기한 일을 초보가 어떻게 할 수 있겠느냐.

그런 아내의 항의에 대처한 당신의 변론은 너무도 빈약하고 허술하다. 유일한 카드는 '최악의 사태가 와도 굶어 죽지는 않는다'인데, 그런 말로는 현재의 생활을 중시하는 아내를 설득할 수 없다.

이제 남은 것은 인생론뿐이다.

과학적으로 다시 태어날 수 있다는 보장이 없다, 단 한 번의 인생을 고용인 신세로 끝내는 것은 너무도 비참하다, 그 옛날의 노예와 다를 바 없다, 그런 선택을 한 것은 나 자신이니까 마음만 먹으면 언제든 자유의 몸으로 돌아갈 수도 있다, 직장인이 되기 위해서 타인을 위해 죽어라 일하기 위해서 태어난 것이 아니다, 이건 내 인생이다, 어느 누가 되었든 개입할 수 없다, 내일은 내가 결정하겠다, 그것이야말로 자유의 증거이다, 제 아무리 직장에 충성하고 심혈을 쏟아 분투해 본들 반드시 필요한 인재라는 것을 증명한다 한들 정년이 되면 대형 쓰레기처럼 미련 없이 내던져질 뿐이다.

당신은 계속해서 말한다.

사회적인 성공을 크게 거둔 사람이라고 죽음을 피할 수는 없다, 어차피 죽어야 하는 몸이라면 남은 인생은 내가 나라는 것을 확인하기 위해 쓰고 싶다, 이건 제2의 인생의 시작 따위가 아니다, 이것이 바로 제1의 인생의 시작이다, 지금까지 살아온 시간은 인생도 아무것도 아니었다, 이런 나의 이기적인 꿈 때문에 세상에서 소외되고 싶지 않다면 이 기회에 깨끗하게 이혼하고 각자의 길을 가자, 나는 지금의 처지를 이 이상 견딜 수 없다, 노예로 살다가 죽는 것은 도저히 참을 수 없다, 인생이 무엇인지도 모른 채 죽어야 하는 운명에는 절대 따를 수 없다, 늦었지만 나는 이제 나 자신을 되찾을 것이다.

그런 말을 날마다 계속하면 아내의 강경하던 마음도 조금씩 움직일 것이다. 물론 남편과 운명을 같이하겠다는 대답을 해 줄지는 알 수 없다. 결별이라는 대답을 들이민다 해도 어쩔 수 없다. 만약 아내와의 결별을 생각하면 마음이 아프고 낙담하는 상태가 계속된다면 각오가 충분하지 못했다 판단하고 전업을 포기해야 할 것이다. 그것은 여생을 불평과 후회와 음주로 허송세

월할 증거이며 또 자립한 젊음이 이미 철저하게 죽었다는 뜻이니, 무난해 보이는 지금까지의 생활로 돌아갈 일이다.

당신의 젊음을 죽이는 것은 그 무엇보다 직장인이라는 신분이다. 월급과 보너스, 승진과 각종 수당, 조직의 비호와 헐거운 책임, 남들처럼 산다는 안도감, 아무튼 명령에 따르기만 하면 살 수 있다는 편안함, 비슷한 처지에 있으며 삶의 기본 모습도 그리 다르지 않은 직장 동료들, 어느 정도까지는 세울 수 있는 생활 계획. 그렇게 긴장감 하나 없는 환경 속에서 당신의 젊음은 천천히, 소리 없이 죽어 간다.

만약 당신이 수많은 어려움을 이겨 내고 과감하게 가족과 결별하면서까지 농업의 길에 들어섰다 해도, 다른 직종 못지않은 직업으로 자리 잡을 수 있는 확률은 아주 작다고 하지 않을 수 없다. 해가 뜨기 전에 일어나 해가 질 때까지 열심히 일한다 해도 기껏해야 자급자족하는 생활, 제 손으로 경작한 농작물로 제 입에 풀칠이나 하는 생활에서 벗어날 수 없을지도 모른다.

그렇게 되었을 때, 당신이 어떤 의식을 갖고 있느냐가 중요하다. 각오가 부족한 탓에 실패했다는 답이 나온다면, 모처럼 싹이 돋은 자립의 젊음이 그대로 썩어 상황은 종료될 것이다.

반대로 사회의 통념을 잣대로 하는 성공 여부에 애당초 집착하지 않고 한없이 자유로운 존재로 돌아가 기우는 태양과 떠오르는 달 사이에서 건전하게 땀 흘리면서 작물과 함께 사계절의 변화와 대지의 고동을 마음껏 느낀다면, 주변에 사는 동식물과 마찬가지로 자신의 생명 또한 펄펄 살아 숨 쉰다는 것을 감지하고 그 사실에 무한한 기쁨을 느낀다면, 당신은 이 세상에 길든 야생동물로 완전히 돌아갔다고 할 수 있을 것이다.

 그런 자신에게 조금이라도 의심이 갈 때에는 다시금 거울을 본다. 거울 속의 당신 모습에서 육체적인 피로는 느낄 수 있을지 몰라도, 이미 노예 시절의 비참한 흔적은 찾아볼 수 없을 것이다. 직장 시절의 자신이 얼마나 허접한 일로 전전긍긍했는지를, 얼마나 시간을 낭비했는지를, 얼마나 무시당했는지를, 얼마나 생기를 잃고 살았는지를, 절실하게 깨닫게 될 것이다. 그리고 막연하게나마 이 세상에 사는 의미와 의의를 깨우쳐가는 자신을 인식하게 될 것이다.

 국가가 있어 당신이 있는 것도 아니고, 사회가 있어 당신이 있는 것도 아니다. 더욱이 직장이 있어 당신이, 가정이 있어 당신이, 친구가 있어 당신이 있는 것도 아니다. 당신은 바로 당신이 있어 있는 것이다. 이 세상을 사는 기본은 거기에 있지, 다른 곳에 있지 않다. 인생의 기반과 원점이 확고하게 거기 있어야 친구도 있고, 가정과 직장과 사회와 국가도 있는 것이다.

진정한 의미의 자신으로 돌아간다는 것은 독립한 일개 존재가 된다는 뜻이다. 그렇다고 그것을 고립과 혼동해서는 안 된다. 고립에는 위약함과 도피가 따라다니며, 그 연장선에는 죽음의 그림자가 어른거릴 뿐이다. 그것은 진정한 생물이 걸어가야 할 길이 아니다.

그런데 현대 사회에서는 불행하게도 태어나자마자 자립한 젊음을 박탈당하고 만다. 이는 현대 사회가 수렵 채집의 시대로부터 이탈하는 것을 최대의 목표로 삼았기 때문이다. 여전히 현대 사회는 풍요한 행복이라는 거대한 환상을 품은 채 이탈을 향해 돌진하고 있다.

과연 이 방향성이 옳은 것일까. 그렇게 하면 인간은 정말 행복해질 수 있을까. 가진 자와 갖지 못한 자, 사람을 부리는 자와 부림을 당하는 자, 지배하는 자와 지배당하는 자, 어느 쪽이나 다양한 비극에 겹겹이 에워싸여 자립한 젊음을 희생할 뿐인 생애를 보내고 있는 것은 아닐까.

자신의 인생을 자력에만 의지해 살아간다는 것은 말로는 가능하지만 실행하기는 불가능하다. 당신이 밭을 갈 때 사용하는 괭이, 당신의 발을 지켜 주는 신발, 세 끼니에 사용되는 그릇, 밤의 어둠을 밝혀 주는 전등,

비바람과 눈을 막아 주는 지붕. 자립적인 생활을 뒷받침하는 모든 것이 타인의 땀방울의 산물이다. 타인에게 신세를 지지 않고 살고 있다고 말하는 것은 오만이며 어리석음이며 오류이다. 그러니 착각하지 말기를 바란다.

직장을 그만두고 농업을 시작하기로 한 당신이 자랑스럽게 여길 것은 당신의 내일과 1년 후의 계획을 당신 스스로 세울 수 있고, 더 나아가 생애에 걸친 꿈을 스스로 그릴 수 있는 입장 그 자체이다. 자신의 본디 모습을 확보했다는 사실은 훈장이나 직함, 명예 따위는 발끝에도 못 미칠 만큼 자랑스러운 일이다.

서리 내린 아침에 혹은 한여름 대낮이나 폭풍우 몰아치는 밤에 당신의 심장에 이상이 생겨 논밭 한 귀퉁이에서 쓰러졌다 해도, 아무도 지켜보는 이 없이 숨이 끊어진 채로 방치되었다가 야생동물의 밥이 되고, 미생물의 작용으로 분해되어 한 줌 흙으로 돌아갔다 해도, 그 죽음은 많은 사람이 지켜보는 가운데 숨을 거두고 정성스럽게 매장된 어떤 이보다 훌륭하고 고결한 삶의 종결이라고 할 수 있다.

그리고 아직 청년기에 있는 당신이 직장인의 신분에서 탈피해 농업으로 독립과 자립을 확보하고자 결단을 내리고 실행에 옮겼다면, 중·장년층이 얻을 수 있는 충실함의 몇 배, 아니 몇십 몇백 배의 만족감과 자긍심을 만끽할 수 있을 것이다. 넘쳐흐르는 체력과 정신력은, 자신을 되찾으면서 얻은 자유로 인해 더 강해져 육체를 구성하는 세포 하나하나까지도 반짝반짝 빛나기 시작한다. 정신은 개선가를 부를 수 있을 만큼 굳건해지고, 개인주의의 복권을 실감할 수 있게 된다.

경작하는 농지가 해마다 늘어나고 작물과 가축의 종류도 늘어난다. 그 하나하나가 그 다음 꿈을 그려 준다. 몸이 몇 개가 있어도 부족할 만큼 바빠져도 절대 사람을 고용하지 않는다. 왜냐하면, 왕왕 고용하는 쪽이 고용당하는 쪽보다 비참한 상황에 빠질 수 있다는 것을 알고 있기 때문이다. 또 금전적으로 여유가 생겨도 고가의 농기구를 사들이지 않는다. 사람의 힘으로 할 수 있는 수준을 넘어선 농업이 어떤 결말을 초래하는지, 조상대대로 농업을 하던 사람들이 그런 농법에 손을 대었다가 어떻게 되었는지를 두 눈으로 목격했기 때문이다. 한마디로 과도한 확대 너머에는 어떤 꿈도 없다는 것을 알고 있기 때문이다.

그리고 얼마 후, 직장에 다니는 청년에게서는 조금도 느낄 수 없던 자립한 젊음의 광휘를 당신에게서 본능적으로 느끼고, 그 매력에 빠진 여자가 나타날지도 모른다. 그녀는 당신과 함께 살기로 결심하고, 남편이 될 남자의 강인함과 진지한 삶의 방식을 접하고는 욕망과 감정에 폭주하는 일 없이 아내와 어머니가 될 것이다. 태어난 아이들도 부모의 삶과 자신들이 자라는 환경에 큰 영향을 받아, 이 세상을 살아가는 데 가장 중요한 게 무엇인지를 몸으로 깨닫게 될 것이다. 바라는 대로 모두 이루어지는 일은 없다는 진리를 자연에서 배우고, 게임과 텔레비전과 컴퓨터와 장난감 속에서 아우성치는 자극은 하찮은 속임수라는 것도 간파할 것이다. 진정한 감동은 현실과 타오르는 생명 속에 있다고 확신하며, 젊음을 빼앗는 학교라는 기이한 구조에 편입될 나이가 되어도 조금도 동요치 않을 것이다. 공부와, 타인과 교류하는 것의 진정한 의미를 알고, 직장인 코스를 선택하는 안이한 짓은 하지 않을 것이며 결연한 의지를 지닌 청년으로 성장해 갈 것이다.


## 직장인이란, 사소한 희망에서 시작해
## 거대한 절망으로 끝나는 존재

 현재의 당신은 직장인이라는 신분에 쉽사리 몸을 판 탓에 본래의 모습을 잃고 말았다. 원래 당신은 자신의 자립한 젊음을 연마할 수 있는 다양한 능력을 지니고 있으며, 온갖 가능성을 갖고 있었다. 그런 것을 꼼꼼하게 검토하지 않고 고용인의 길을 선택한 까닭은 그것이 가장 일반적인 코스이며, 현명한 사회인의 길이라고 세뇌를 받았기 때문이다.

자신을 업그레이드하기 위한 발판으로 직장인이라는 신분을 적극적으로 선택한 자가 과연 직장인 전체에서 몇 퍼센트나 되겠는가. 자신의 꿈을 실현하기 위해 고용주를 충분히 활용하고, 그에게서 온갖 노하우를 흡수하고, 자금을 모은 후에 독립하고자 직장인이 된 자가 과연 어느 정도 비율을 차지하겠는가. 그리고 마침내 그 계획을 실현한 자는 과연 얼마나 되겠는가.

몇 번이나 거푸 말하지만, 예외는 분명히 존재한다. 하지만 대부분의 경우 고용인 신세는 사소한 희망에서 시작돼 거대한 절망으로 끝나는 것이 보통이다. 가령, 바라던 일을 할 수 있었고, 순조롭게 출세도 했고, 나름의 충실감도 얻었고, 직장에서 인간관계도 괜찮았고, 자존심도 적당히 지킬 수 있었고, 건강에도 문제가 없어 무사히 정년을 맞았다 해도, 그동안에 당신의 젊음은 고스란히 말살당했다는 것을 잊어서는 안 된다. 당신은 자각도 못할지 모르나 그것은 엄연한 사실이다. 당신은 독립했다면 더 큰 충만감을 느꼈을 것이고, 그만한 능력도 갖추고 있었기 때문이다.

퇴직한 후 아무리 현역 시절의 즐거웠던 추억담에 빠져 본들, 퇴직한 사람들끼리 모인 자리에서 자랑을 늘어놓아 본들, 그리고 남부끄럽지 않은 인생이었다는 믿음에 조금도 흔들림이 없다 한들, 당신은 결국 죽음의 길을 걸어왔을 뿐이다. 좀 더 분명하게 말하면 진정한 당신 자신으로 살지 않았고, 진정한 인생으로부터 피해만 다닌 얼간이였다. 누가 폭력을 가하며 강요한 것도 아닌데, 스스로 자신의 영혼을 집단과 조직에 팔아넘기면서 이용당하고 종속당하는 타율의 길을 선택했던 것이다. 즉 다른 누구도 아닌 당신 자신이 스스로를 배신한 장본인이었다.

당신은 국가와 사회와 직장과 가정의 은총을 신뢰한 나머지 지나치게 의존하고 말았다. 그 때문에 절대 다수가 떠넘기는 짐 더미에 꼼짝없이 짓눌리고, 엄격하고 가혹한 틀 안에 갇혀 생물보다 못한 취급을 받으면서 젊음을 죽이고 말았다. 만약 당신이 그렇지 않다, 그것은 오해이며 편견이라고 주장한다면, 정년 후의 당신 주위를 맴도는, 순간의 안도감과 성취감 뒤에 덮치는 그 공허함과 허딜감은 대체 어디에서 오는 것이란 말인가. 평균수명까지 아직도 한참 남은 노후를 앞에 두고서 도저히 떨쳐 버릴 수 없는 외로움을 느끼면서 멀거니 서 있는 자신의 모습을 어떻게 해석할 것인

가. 기회가 있을 때마다, 밤에 잠자리에 들 때마다, 내 인생은 행복했다고, 그 녀석보다는 나았다고, 뭐 때문에 그렇게 집요하게 중얼거려야 하는 것인가.

당신은 자신에게 숨겨져 있는 저력의 한 톨도 제대로 발휘하지 못하고 단 한 번의 인생을 끝내려 하고 있다. 당신은 뭐라고 둘러댄들, 그것이 당신의 지금 실제 모습이다. 당신이 당신 자신이었던 적이 한 번이라도 있었던가. 요컨대 당신은 당신의 환상에 지나지 않는다. 당신의 손에 남아 있는 미적지근한 충족감은 어디까지나 주위에 있는 비슷한 부류와 비교해서 얻은 하찮은 답에 지나지 않는다.

제2의 인생이라는 엉터리 속임수 같은 말은 어차피 기만에 불과하다. 새삼 말할 필요도 없지만, 인생은 한 번뿐이다. 타인이 강제로 설정한 구분을 그럴싸한 말로 아무리 꾸며 본들, 내가 아닌 다른 사람의 판단으로 인생이 여지없이 중단되었다는 냉혹한 사실에는 조금도 변함이 없다.

당신은 해방된 것이 아니다. 여생을 평온하고 우아하게 보내기에는 턱없이 모자란 퇴직금과 함께 계속 고용할 가치가 없어진 노예의 잔해로 내던져졌을 뿐이다. 당신이 만약 진정한 인생을 획득한 자라면, 예순 살이 넘었든 예순다섯 살이 넘었든 여전히 기쁜 마음으로 일에 몰두할 것이다. 여행이나 취미 생활, 봉사 활동, 손자 봐 주기 등 사실은 이래도 좋고 저래도 좋은 심심풀이에 불과한 이벤트에 참가하는 생활은 절대 자립한 젊음의 부활을 꾀하는 원동력이 될 수 없다. 원동력은커녕 오히려 당신을 점점 더 늙게 하는 속임수일 뿐이다. 겉모습을 아무리 젊게 꾸미고 허세를 부려 봐야, 젊은이들과 대등하게 굴어 봐야, 아무리 청춘 시절의 추억에 잠겨 봐야, 고작 "아직 젊으시네요." 하는 인사치레나 받을 뿐이지, 그것은 본질적인 젊음과는 거리가 아주 먼, 시신에게 화장한 꼴에 지나지 않는다.

**3장**

지배자들에 길들지 마라

당신의 과거를 냉정하게, 아니 냉철하게 돌아보기 바란다.

당신은 지금까지 몸이 떨릴 정도로 결단의 위기에 몰린 적이 단 한 번이라고 있었는가. 내가 생각해도 참 대단한 배짱을 부렸다고 두고두고 감탄할 만한 결단을 내리고, 그것을 실행에 옮긴 적이 있었는가. 아니면, 그렇게 혹독한 경험을 치르지 않고 살아온 인생을 행복하다고 생각하고 있는가. 가능하면 이대로 평생을 살고 싶다고 진심으로 바라는가. 성공적인 자신의 생애는 그런 것이라고 생각하고 있는가.

나는 세상에 흔히 있는, 자신의 능력을 철저하게 시험해 보는 일에는 전혀 관심이 없고 가능한 한 편하게 살고 싶어 하는, 도망칠 수 있는 길이 있는 한 도망치고 싶어 하는, 그렇게 인생을 끝내려는 사람들에게 묻고 있는 것이 아니다. 헛수고라는 것을 알고 있기에 그런 사람들을 상대하고 싶은 마음은 털끝만큼도 없다.

그런 무수한 사람에게 파고들어 책의 판매량을 올리는 방법을 모르는 바는 아니다. 그러나 나는 언제나 편한 변혁만을 추구하는 불특정 다수를 상대로 마음에도 없는 말을 팔아먹는 자로 추락하기 위해 이 세계에 발을 들여놓은 것이 아니다.

지금의 나여도 괜찮은 것인가 하는 자문을 도저히 지

우지 못하는 당신을 상대로 묻고 있는 것이다. 이런 나날은 내가 원하는 바가 아니다, 이런 생활을 진정 바랐던 것은 아니다, 이런 나는 진짜 내가 아니다, 그런 후회가 가슴을 스칠 때마다 심장이 오그라들면서 깊은 한숨이 나오고, 기분 전환 정도로는 도저히 해결되지 않아 오늘 저녁의 반주는 애타게 기다리면서도 내일을 적극적으로 맞이할 힘은 점차 쇠해 가는, 그런 당신에게 말하고 있는 것이다.

본의 아니게 계속하고 있는 잿빛 생활에서 벗어날 수 있기를, 당신은 얼마나 심각하게 얼마나 깊이 고민하고 있는가. 그 큰 문제에 대해 생각하기 시작하는 순간, 자신을 에워싸고 있는 굴레와 벽과 마주쳐 도무지 옴짝달싹할 수 없는 상황과 답답한 현실을 새삼스럽게 깨닫게 되지는 않았는가. 계획한 모든 것이 결국은 몽상이고 망상에 불과했다고 단정하고 어차피 자신이라는 인간은 일개 범부에 지나지 않으며 불만이 있든 어떻든 이런 처지가 어울린다는 결론을 재확인하고, 다시금 그 미적지근한 인생으로 맥없이 돌아가지는 않았는가.

다른 선택의 여지에 대해 생각한다고 해야 기껏 전직을 고려하는 정도, 그것도 결국은 자신이 지금까지 터득해 온 일의 연장선 범위 안에 있는 직종에 대한 모색

일 뿐, 바로 이거야! 하고 자신도 모르게 외치고 싶을 정도로 인생을 뿌리째 바꿔 버리는 대담한 개혁을 검토하는 선까지는 절대 가지 않는다.

요컨대 당신은 지금까지와 다름없이, 안이한 발상으로 더 충실한 인생을 누려 보려는 것이다. 그런데 그런 염치없는 바람이 쉽게 이루어질 세상이라면 아무도 고생을 하지 않는다. 직장을 바꾼 후 한동안은 사소한 자극과 신선함을 느낄 것이다. 그러나 그것은 일시적인 현상일 뿐, 이내 권태감과 허무감이 당신을 덮칠 것이다. 그렇게 직장을 옮겨 다닐 때마다 자립한 젊음을 부활시킬 수 있는 기회는 사라지고, 수입도 줄어들 것이다.

과감하게 인생의 전환을 꾀할 계획이 아니라면, 아예 생각을 하지 않는 편이 좋다. 지금보다 조금 더 좋아질 수 있다면, 조금씩이나마 그 방향으로 자신을 바꿔 갈 수 있다면 하는 어중간하고 어설픈 생각으로 움직이는 것은 오히려 위험하고 골치 아픈 사태를 초래할 수도 있다.

직장인은 어디까지나 직장인일 뿐이다. 이디에 가든 명령에 따를 뿐이라는 기본은 바뀌지 않는다. 손쉽게 안전한 자유와 변화를 추구하려는 것 자체가 잘못이다. 당신의 그런 꿈이 마치 이루어질 것처럼 착각하게 하는 무리와 조직은 당신을 봉으로 삼으려 호시탐탐 노리는 악당이며, 그런 세계는 악의 소굴이다.

## 자유는 거저 얻을 수 없다

자유와 변화에는 위험이 따른다. 그렇기에 젊음이 빛날 수 있는 것이다.

이참에 고용인의 신분에서 손을 털지 않는 한 우울하고 무기력한 나날이 끝없이 반복될 뿐이다. 당신은 자신도 모르게 현재의 처지에 놓인 것이 아니다. 운이 없어서, 능력이 부족해서도 아니다. 당신이 진심으로 자신을 시험하려 하지 않았을 뿐이다. 그렇게 하지 않았으면서 그럴 수 없었다고 멋대로 단정했던 것이다. 즉, 태만했던 것이다. 그뿐이다.

진정한 젊음, 자립한 젊음은 농후하고 위험한 자유에만 존재한다. 그런 자유를 쟁취하려면 잠재능력을 다 끌어내고 온 힘을 다해 부딪치는 것밖에는 길이 없다. 그렇게 하는 것이야말로 삶의 진정한 모습이다. 야생동물은 모두 그렇게 살아간다. 그들이 가혹하고 냉정한 세계에 살면서도 생기발랄하게 생명을 유지할 수 있는 것은 바로 그 때문이다.

동물원에서 사육되는 동물들은 때로 육아를 방기한다. 새끼를 낳고서 보살피기는커녕 죽이기까지 한다. 어미 손에 죽어 가는 불쌍한 새끼를 사육사가 구해 돌보는 보도를 텔레비전 등에서 종종 접한다. 내 생각에, 어미가 그렇게 행동하는 것은 본능적으로 그곳 환경이 새끼를 키우기에 적합하지 않다는 결론을 내렸기 때문이 아닐까 한다. 아무리 먹는 것에 불편함이 없고 안심할 수 있다 해도, 살아가는 데 가장 중요한 자유가 주어지지 않은 곳은 자손을 남기기에 적절치 않다는 무의식적인 판단이 작용해 막 태어난 새끼를 미련 없이 버리려는 게 아닐까.

오늘날, 그와 유사한 행위를 인간 사회에서도 종종 볼 수 있다. 처음부터 자식을 만들지 않으려는 남녀도 급증하고 있는 듯하다. 출산율 저하 현상이 이 나라의 사회 구조가 자손을 남기기에 적합한 환경이 아니라는 사실을 여실히 증명하고 있지 않은가.

어쩌면 동물원에 수용된 동물보다 인간 쪽의 조건이 훨씬 나쁠지도 모른다. 평생에 걸쳐 먹이가 보장되는 것도 아니고, 의사가 늘 옆에 대기하고 있는 것도 아니다. 죽으면 누가 정성스럽게 장례를 치러 주는 것도 아니고, 남은 가족들의 뒤를 돌봐 주는 시스템도 없다. 그런데도 옴짝달싹할 수 없는 사회 구조에 평생을 짓눌려 살고, 특정 소수에게 이용만 당한다.

노예처럼 실컷 부리다 써먹을 수 없는 몸이 되었다고 판단되는 순간, 가차 없이 우리 밖으로 쫓아낸다. 적은 수입에서 세금을 뜯어 가고, 이런저런 돈도 내라고 한다. 과연 인간답게 살아갈 수 있을지 심히 의심스러운 조각배 같은 연금을 손에 쥐어 주고는 파도가 출렁대는 바다로 내던진다.

제정신이라면 이렇게 위험한 악조건 속에서 자식을 낳아 키울 마음이 생길지 의문스럽다. 어차피 노예의 길을 걸을 수밖에 없음을 알면서, 얻을 수 있는 안심과 안정이래야 어중간한 것임을 알면서, 그래도 자식을 낳고 싶어 하는 부모는 무지하고 무심하다고 해야 할 것이다.

자유 경쟁이 가능한 나라이니 노력 정도에 따라 고용하는 쪽에 서서 풍요롭게 살아가는 훌륭한 어른이 될 수 있을지도 모른다. 운동선수나 연예인이나 정치인의 세계에서 크게 성공할지도 모른다. 학업에 정진해 노예 중에서도 조금은 윗자리를 차지할지도 모른다. 그렇게 되는 날에는 당사자를 낳은 부모로서 자신의 인생도 더불어 꽃필지 모른다.

그런 어리석은 기대를 안고 부모가 되는 자가 있다면, 그 가정과 가족은 옴짝달싹도 못하는 불행의 나락으로 떨어지고 말 것이다. 요행히 원하는 바대로 이루어졌다 해도, 언젠가는 높은 수입을 둘러싼 골육상잔의 비극이 발발할 것이고, 무참하고 추악한 결말을 맞을 것이다.

　자손을 남기느냐 마느냐 하는 중대하고 심각한 문제는 절대로 사회의 미래와 국가의 존망을 염두에 두고 결정할 일이 아니다. 어디까지나 당신 자신의 개인적인 판단으로 결정해야 하는 문제이다. 출산율이 낮아져 사회가 흔들리고 국가가 위기에 처한다고 생각하는 것은 스스로 노예의 처지를 인정하는 꼴이고, 수많은 노예 덕에 필요 이상 안락하게 생활하는 한 줌의 지배층에게 힘을 실어 주고 그들을 안도하게 하는 꼴이다.

　잘 생각해 봐라. 천연자원도 부족하고 땅도 좁은 데다 산악지대까지 많은 이런 섬나라에 뭐 때문에 1억 몇 천의 인구가 필요한가. 해마다 교통사고로 죽는 자들의 수와 비슷한 3만이 넘는 사람들이 자살하는 이런 나라를 어떻게 풍요로운 선진국이라 할 수 있는가. 전후 60여 년에 걸쳐 피땀 흘린 대가로 진정한 풍요와 행복을 실감할 수 있는 나라가 되었는가. 무상으로 교육을 받고 의료 혜택을 누릴 수 있는 나라가 되었는가. 완전한 고용이 확립되었는가. 장애인이 평범하게 살 수 있는 시스템이 갖추어졌는가. 범죄율이 하향곡선을 그리고 있는가. 세금이 낮아졌는가. 국가의 빚이 감소했는가. 최근 들어 눈에 띄게 벌어지고 있는 빈부의 격차는 무엇을 의미하는가.

고용하는 쪽은 점점 더 냉혹하고 횡포해졌으며, 고용되는 쪽은 점점 더 궁지에 몰려 비참한 생활을 강요당하고 있다. 살 곳을 잃고, 부질없는 희망과 애처로운 꿈조차 그릴 여지가 없어졌다는 것은 대체 뭘 말하는가. 내 나라가 만족스럽다는 의식을 갖고 있는 자가 과연 얼마나 되는가.

일을 선택할 기회까지 빼앗기고, 겨우 하루 목숨을 연명할 정도의 임금을 받으면서 뼈가 빠지게 일하고, 쓸모가 없어지면 해고당하고, 온 힘을 다해 일하고 또 일해도 얻을 수 있는 보상은 쥐꼬리만 하다. 제대로 된 거주 공간도 없고, 자식의 학비도 내지 못하고, 부부가 맞벌이를 하면서 허리끈을 졸라매도 쫓아가기가 벅차다. 경제적 파탄의 조짐에 늘 두려워 떠는, 이런 열악한 환경과 최악의 상황에서도 국가는 출산을 적극적으로 장려하고 있다.

지배층의 의도는 명명백백하다. 노예의 수가 부족하면 주인으로 군림하면서 편하게 거머쥔 풍요한 생활을 영구적으로 유지하는 데 문제가 생긴다. 그들은 오늘의 양식을 구하기도 벅찬 무수한 약자를 발판 삼아 호화로운 생활을 하면서도 태연할 수 있는 인종이다. 그뿐인가. 자신들이 훨씬 더 많이 노력하고 신경을 써서 쟁취한 성공이니, 노예보다 풍족하게 사는 것은 당연하다고 염치없이 떠들어 대는 족속이다.


### 아무리 충성해도 노예는 언젠가 버려진다

 당신이 가정과 자존심을 전부 희생해 가며 시중을 들고 주인의 돈벌이에 공헌하면 '우두머리 노예' 정도로는 출세할 수도 있을 것이다. 그러나 노예는 어디까지나 노예이다. 그들은 대중 앞에서는 당신들을 노동자라는 그럴 법한 말로 칭하겠지만, 속으로는 틀림없이 노예라 부르고 있을 것이다. 그렇지 않다면, 길거리로 나앉게 된다는 것을 뻔히 알면서도 미련 없이, 마치 쓰레기를 내버리듯 내치는 냉혹한 처사를 할 리가 없다. 주인이 당신의 신분을 뭐라고 칭하든, 당신이 그 신분을 얼마나 굳게 믿든, 결국 당신은 주인에게 예속된 노예 그 이상도 이하도 아니다.
 그런 당신에게 다시금 묻는다. 당신은 자식에게도 똑같은 처지를 강요할 작정인가. 사방이 막혀 꼼짝도 할 수 없고 죽을 때까지 출구가 없는 생애. 이 세상에 사는 것이 더할 나위 없이 기뻐 반짝반짝 빛나는 존재와는 영원히 무관한 생애를 사랑스러운 자식에게도 강요할 것인가. 당신의 눈은 대체 인생의 어디를, 현실의 어디를 보고 있는가. 당신이 얼마나 굴욕적으로 살고 있으며, 생물도 아닌 존재로 폄훼되고 있다는 것을 자각이나 하고 있는가. 그렇게까지 어리석은가.

아니면 이렇게 보여도 충분히 행복한 인생을 살고 있다고 믿고 있는 것인가. 속고 있다는 인식이 전혀 없다는 말인가. 자신의 처지를 정확하게 파악하지 못할 정도로 인간으로서 감수성이 마모되고 만 것인가.

아니 말은 그렇게 하지만, 그래도 자유 진영에 속한 국가이니 노력 정도에 따라 성공할 가능성도 있지 않을까. 자신은 직장인밖에 되지 못했지만, 자식은 승자 편에 설 수 있을지도 모른다. 실제로 그렇게 성공을 거둔 자식도 있지 않은가.

물론 권력자와 그 앞잡이 쪽에서는 종종 그런 반론을 펼친다. 하지만 전후의 혼란기라면 몰라도 이렇게까지 사회의 계층이 견고해진 지금은 그렇게 될 가능성이 복권에 당첨되는 것만큼이나 작다. 아니 한없이 제로에 가깝다. 이 자유는 외양에 지나지 않는다. 아니, 사기다. 당신은 국가에 사기를 당한 것이다. 자립한 젊음을 제 손으로 죽인 대가를 당신이 치르다 못해 자식과 그 자식에게까지 치르게 하는 꼴이다. 한 번 자립한 젊음을 잃은 자는 지속적으로 속을 운명에 있다. 지배층에게 당신은 손쉽게 잡을 수 있는 그저 사람만 좋은 봉이다.

일본이라는 나라의 크기를 고려하면 인구 7천만 정도도 많다고 주장하는 성실한 학자가 있다. 면적이 비슷한 노르웨이나 뉴질랜드 인구는 일본보다 훨씬 적다. 그런데 그 나라 국민이 속수무책으로 불행에 빠져 있는 것으로 보이는가. 선진 7개국에도 들어가지 못하는 그런 나라들 쪽이 한결 풍요롭고 행복하고 인간답게 살 만한 곳으로 보이는 것은 그저 착각인가.

그렇다면 인간다운 행복이란 무엇일까.

좁고 답답한 콩나물시루 같은 생활공간에서 복작거리고, 숨이 막히도록 복잡한 인간관계에 에워싸이고, 그런 가운데 치열한 경쟁을 강요당하고, 쉴 새 없이 판가름당한다. 실제로는 별거 아닌 돈과 재물과 직함과 지위와 명예를 놓고 서로 싸우고, 출세를 위해 치졸하게 동료를 배신하고 끌어내린다. 세금을 갈취하고, 소비자를 속이고, 골프 회원권을 사들이고, 고급 승용차를 몰고 다니고, 세계 일주가 최고의 꿈이라는 어리석은 자로 전락하고, 낙오되고, 낙오되었다고 자각하는 순간 풀이 꺾이고, 패배의식에 젖는다. 모든 가능성을 내던지고, 다른 삶의 방식을 선택하거나 색다른 발상을 할 절호의 기회로 삼지 못하고, 자신마저 내버리고, 때로는 목숨까지 저버린다.

이런 현실에서 나온 해답이 행불행을 가늠하는 유일한 척도라고 믿고 있다면, 당신의 불행은 태어났을 때 이미 시작된 것이다. 요행히 당신이 원한 행복을 쟁취했다고 해도, 그러기 위해 당신이 치른 희생과 당신의 성공은 절대 값어치가 같지 않다. 즉, 당신의 고생은 당신의 불행을 가중시키기 위한 헛수고였다는 얘기다.

하나 정신적인 만족감만으로 행복을 느낄 수는 없다. 행복을 뒷받침하는 최소 조건에는 의식주 문제가 있다. 그리고 조용한 환경이 필요하다. 경제 대국이라는 이 나라가, 적극적이지는 못해도 국민 대다수가 인정하고 지지해 온 이 나라가 과연 이런 기준을 충족하고 있을까. 그런대로 해결할 수 있었던 의식의 문제도 최근에는 상당히 위태로워졌다. 주거 문제는 더 그렇다. 주택 담보 대출금을 다달이 갚기 어려워 허리끈을 졸라매면서 겨우겨우 장만한 집을 어쩔 수 없이 내놓아야 하는, 있어서는 안 되는 상황이 연출되고 있다.

그렇게 된 주원인은 인구 대비 좁은 국토이다. 좁은 땅덩어리에 지나치게 많은 인간이 살다 보면 당연히 땅값이 올라가고, 땅과 떼려야 뗄 수 없는 거주 공간의 가격도 올라간다. 자식을 돌보는 시간마저 희생하면서 부부가 맞벌이를 해도 그저 간신히 살아갈 수 있는, 새 둥지만 한 집밖에는 살 수가 없다. 인간답게 여유를 누리면서 느긋하게 쉴 수 있는 집은 뜬구름 같은 얘기다.

수입은 줄고 있는데, 크고 작은 여행이 이렇게나 유행하는 것도 집이 좁은 데 그 원인이 있지 않을까 한다. 집에서 쉴 수 없는 것이 참기 어려워져 정기적으로 발작하듯 뛰쳐나가는 것이라면 여행은 풍요로움의 상징이 아니라 비참함의 증거라 해야 할 것이다.

사람들 간의 경제 격차가 급속하게 벌어지는 현상이 미국 정부와 똑같은 노림수에 의한 것이라면, 일본의 젊은이들은 특히 경계해야 할 시대에 돌입했음을 자각해야 할 것이다. 정치에 직접 참여하지 않더라도, 정부가 하는 일에 전혀 무관심한 것은 위험한 일이다. 국가가 무관심이라는 틈을 노리고 있다가 당신의 자립한 젊음을 죽이려 들기 때문이다.

### 국가에게 젊은이는 만만한 총알받이

중·장년층보다 젊은 당신이 훨씬 국가가 노리기 좋은 대상이 되기 쉽다. 미국 정부가 실업자가 증가하는 것을 거의 방치하다시피 하는 이유는 군인의 숫자를 적정 수준으로 유지해 어떤 분쟁에도 대응할 수 있는 상태에 있으려는 공공연한 의도 때문이다. 일부러 일자리 수를 줄여 낙오된 젊은이들을 군대로 끌어들이려는 더러운 수작이다.

젊은이들을 군대로 끌어들이려는 자들이 내세우는 캐치프레이즈는 이렇다.

군인을 늘 죽음이 따르는 위험천만한 직업으로 생각하는 것은 큰 오류이다, 실제로는 전체의 10퍼센트에 해당하는 군인만 전투에 참가한다, 나머지 90퍼센트는 안전한 후방에서 지원군 역할을 한다. 입대하면 무료로 대학에 진학할 수 있고 다양한 자격을 취득할 수도 있다, 물론 의료와 연금 면에서도 보통 사람들보다 많은 혜택을 누릴 수 있다. 세계의 평화를 어지럽히는 악의 무리와 싸우는 정의로운 자가 될 수 있는 절호의 기회를 놓쳐서야 되겠는가.

그런 감언이설로 세상물정 모르고 현실도 모르는 젊은이들을 죽음의 전쟁터로 내몬다. 국가가 뒤에서 방패 구실을 하니 안심하라는 착각을 심어 주면서 '살육 로봇'으로 만들어 여차 하는 때가 오면, 가령 사무직에 종사했던 군인이라도 분명하게 명시된 계약 조건에 따라 가차 없이 전투 지역으로 파견한다. 그리고 돌이킬 수 없는 개인적인 희생을 치르게 하는 것이다.

전쟁의 의의도 제대로 모르고 작전의 내용도 잘 모르고, 뭐가 어떻게 돌아가는지 전혀 이해하지 못한 채 총탄에 쓰러진다. 설치된 폭탄에 날려 간다. 그러고는 시체 주머니에 담기거나 평생 타인의 보살핌을 받아야 하는 중증장애인이 된다. 자신과 처지가 비슷했던 탓에 군인이 된 외국의 젊은이를 죽였다는 죄책감과 하마터면 죽을 뻔했던 체험 때문에 정신은 갈가리 찢기고 만다.

운이 좋아 무사히 귀환했다 해도 전처럼 평온한 생활로 돌아가지 못한다. 악몽에 시달리다 한밤중에 벌떡 일어나는가 하면 평화로운 일상을 거짓으로 느낀다. 그러다 거처마저 잃어 인생이 물거품으로 돌아가기도 한다.

국가가 그토록 헌신한 젊은이를 끝까지 책임지는 일은 없다. 기껏해야 훈장 하나 주거나 전승비에 이름을 새겨 줄 뿐이다. 때로 화환을 걸어 주고, 높으신 분들이 나타나 추모의 찬사를 던져 줄 뿐이다. 그리고 젊은 군인들을 그 지옥으로 내몬 당사자들은 여전히 안전하고 안심할 수 있는 공간에서 뻔뻔스럽게도 생명과 몸을 희생한 병사들의 공적을 가로채 더 값진 훈장을 받고 더 높은 지위를 보장받는다. 명장이라는 찬사를 받으며 여유롭게 살다가, 때로는 대통령 선거에 출마해 화려한 전적을 꾀하는 등 생채기 하나 없는 인생을 즐긴다.

베트남 전쟁 당시, 사지로 파견된 군인 중에는 소수인종과 흑인이 압도적으로 많았다고 들었다. 그 사실만 봐서도 공명정대함을 외치는 국가의 실태가 얼마나 한심한지 알 수 있다. 광활한 국토를 지닌 미국조차 꼬투리를 잡아 타국을 간섭하고 여차하면 그 나라의 자원을 빼앗으려 하는 정도이니, 좁은 땅에 넘치는 인구가 아우성치는 일본이 이웃 국가에 손을 뻗치고 싶은 유혹에 시달리는 것도 무리는 아닐지 모르겠다. 그러나 잠재적으로는, 또는 가능성으로 봐서는 미국보다 일본이 전쟁을 일으킬 확률이 더 크다고 해야 할 것이다.

일본이 그쪽으로 기울지 않도록 할 가장 좋은 방법은 평화교육을 철저하게 하는 것도 아니고 전쟁의 비참함을 거듭 호소하는 것도 아니다. 그보다 급한 것은 현재의 인구를 절반 이하로 줄이는 것이다. 국민이 자기 나라 안에서 유유하게 생활할 수 있도록 여유 있는 환경을 적극적으로 조성해야 한다. 아이들은 나라의 보물이라는 그럴싸한 말에 속아 넘어가서는 안 된다.

과도한 인구를 유지하면서 국민을 서로 경쟁시키고, 인건비를 극도로 억제하고, 무리에 무리를 거듭하면서 이룬 번영이 오래 지속될 리 없다. 이제 여기까지라고 판단을 내릴 수밖에 없는 때가 반드시 찾아올 것이다. 아니, 이미 바로 코앞까지 와 있다고 생각된다. 그렇게 되었을 때에는 또 전쟁을 일으켜 만회하려는 움직임이 도질 것이다. 그리고 국민은 지난번 전쟁 때와 마찬가지로 국가의 선동을 말 그대로 받아들여, 국가가 지목하는 그 나라를 혐오하고 경멸해야 할 적국으로 단정할 것이다. 적극적으로 국가의 선동에 가담하고, 이의를 제기하는 소수파를 탄압하고 차별하며 잔인한 관헌에 협력하면서 배제하려 들 것이다.

그런데 어느 시대든 인류가 전쟁과 인연을 끊지 못하는 이유는 무엇일까. 인류의 역사가 곧 전쟁의 역사인 것은 왜일까. 그것은 타인을 말살하고 자신의 자손으로 세상을 채우려는 본능적인 사명 탓일 것이다. 본능이라면, 생식 행위와 마찬가지로 살상 행위에서도 강렬한 쾌감을 느낄 것이다. 전쟁이 궁극의 쾌감 때문에 발발하는 것이라면, 온갖 비극에도 아랑곳하지 않고 전쟁이 반복되고 지금도 계속되는 이유가 충분히 이해될 것이다.

전쟁을 뒷받침하는 것이 본능이라면, 평화를 지원하는 것은 너무도 허접한 지성과 이성이다. 평화가 전쟁에 연패의 서러움을 당하는 것은 당연한 일이며 필연

일지도 모른다.


## 기자들의 정의를 믿지 마라

 이전까지는 그랬는지 몰라도, 매스미디어의 눈부신 발전으로 정확하고 공정한 의견이 유지되는 요즘 세상에서는 절대 오보 사태가 벌어지지 않으리라 믿는 것은 너무도 낙관적이다. 다른 나라라면 몰라도, 여전히 자립한 젊음을 박탈당한 국민으로 가득한 일본에서는 특히 그런 상황을 기대할 수 없다. 전후 60년이 지난 지금까지 보도 기관의 존재 방식이 올바른 방향으로 진화하거나 심화되었다는 생각은 전혀 들지 않는다.
 민주주의가 표방하는 언론의 자유라는 기반 위에 탄탄하게 구축된 신문도 없거니와 텔레비전도 없으며 잡지와 라디오 또한 마찬가지다. 그 근저를 마귀처럼 차지하고 있는 것은 여전히 자각 없는 무사안일주의와 무의식적인 사대주의이다. 국가에서 위정자들에게 유리하도록 왜곡해서 흘리는 정보를 실로 안이하게 받아들여서는 기껏해야 비판도 못 되는 코멘트를 곁들이는 선에서 기사로 내보내고, 뉴스로 보도한다.
 기자란 작자들은 밀착취재 기자와 황실 담당 기자 등

으로 불리지만 실상은 관과 정·재계에 이름과 얼굴이 알려진 매스컴 관계자에 불과한 신분에 만족하고, 자신이 업계 톱의 위치에 있다고 착각한다. 불합리한 일에 대해서 결연한 태도로 논쟁을 벌일 배짱 따위는 전혀 없고, 정의에 반하는 문제를 찾아내 세상에 공포하겠다는 따위의 적극성 역시 털끝만큼도 없다. 그뿐 아니라 자신이 속한 곳이 어용 매스컴으로 전락하고 말았다는 자각조차 없다.

우체국 민영화 건이 주목을 받을 때에는 그 문제에 초점을 맞추고, 정권 교체가 부각되었을 때에는 그 문제에 대해 왈가왈부하는 식으로, 그때그때의 풍조에 떠밀리며 영향을 받을 뿐이다. 과연 대단하다 싶을 정도의 보도자라면 당연히 가지고 있어야 할 통찰력을 발휘하는 일은 흔치 않다. 대부분의 경우 얼마나 주체성이 없는 매스컴인지를 드러낼 뿐이다.

기자들이 자신들은 평범한 직장인과는 다르다, 사회의 정의를 책임지고 있다는 자부심을 갖고 있다 해도, 그들 역시 이쪽저쪽의 안색을 필요 이상 살피며 살 수밖에 없는 직장인이다. 상부의 뜻에 따를 수밖에 없는 고용인 신세에 불과하다.

이 때문에 날카로운 촉각을 작동시켜 시대의 심각한 전조를 감지했다고 해 봐야 글을 써 철저하게 저항하는 선까지는 가지 못한다. 이렇게 만성적인 중도 포기와 자기 몸 사리기에 바쁘다는 점에서는 다른 업계 직장인의 의식과 별 차이가 없다. 당근이나 던져 주고 먹잇감을 눈앞에다 들이밀면 입을 꾹 다물고 물러선다. 자신의 주장을 굽히고, 입사 첫날 정의의 사자가 되리라던 고결한 결심을 이제는 생각만 해도 창피할 만큼 유치하고 풋내 나는 것으로 치부하고는 마음의 쓰레기통에 던져 버린다. 실수 없이 일하는 것밖에 염두에 없어 애써 다짐한 신조가 장식물에 지나지 않는 노예근성의 소유자로 변해 버리고 만다. 그럴 거면 애당초 종합상사나 공공기관에서 일하는 게 나았을 것이다.

그리고 신문이나 텔레비전에서 표면상의 주의주장을 상징하는, 그럴싸한 포즈를 취하는 데 능란한 그야말로 간판이랄 수 있는 유명한 보도자도 반골정신에 충실한 자세를 견지하고 있는지는 심히 의심스럽지 않을 수 없다. 그들은 언제나 가장 무난한 여론에 맞춰 춤추는 것밖에 염두에 없고, 가장 무리 없는 최대공약수적인 평론을 목청을 돋우어 늘어놓음으로써 도망칠 뒷길을 마련해 안위를 도모한다.

그들이, 항의를 하거나 불만 신고를 하는 독자와 시청자들이 열 손가락으로 꼽을 정도만 되어도 두려워하는 것이 바로 그 증거가 아니겠는가. 출세 경쟁에서 간신히 쟁취한 지위와 명성을 유지하려면 풍파가 일 만한 문제를 조금도 일으키고 싶지 않겠지만, 그래서야 모범이 되는 진정한 보도자라고 할 수 없을 것이다. 그들은 포즈만 그럴싸하게 짓는 가짜일뿐더러 해악을 불러오는 위험인물이기까지 하다.

국가와 마찬가지로 매스컴 역시 당신의 젊음을 죽이는 적이다. 전형적이고 노골적이며 유치한 선전은 어떻게든 간파할 수 있는 당신도 교묘하고 조심스러우며 서민의 편을 가장한, 그리고 건전하면서도 친절하고 온후한 말로 알기 쉽게 꾸며진 선전에는 쉽게 당하고 만다. 그렇게 소박한 방법이 수도 없이 반복되는 사이에 당신은 알게 모르게 세뇌되고 거세되어 자신도 민주주의 국가의 일원이라고 믿게 된다. 자신이 사회에 참여하고 있다고 확신하게 된다.

그러나 그것은 착각이다.

당신은 늘 그들의 영역 밖으로 밀려난 외부인에 지나지 않는다. 무해하고 충실한 납세자, 순종적인 노예 그 이상이 아니다. 횡령을 하든 어떻든 자기 배를 불리려는 자들을 위해 열심히 일하고 착실하게 세금을 내는 좋은 사람일 뿐이다. 국가를 지배하고 주무르는 패거리들은 자신들에게 이의를 제기하는 자를 국적(國賊)으로 매도하려 한다. 때로는 매국노라는 오명을 덮어씌워 그 입을 막으려 한다. 하지만 그들이 그렇게 하는 것은 다름 아닌 그들 자신이 공금을 후리는 국적이고 개인적인 출세를 위해 대국에 굽실거리는 매국노이기 때문이다. 자신의 죄를 타인에게 전가하면서 애국자인 척하는 악당이기 때문이다.

## 지배자들이 던지는 당근에 꼬리를 흔들지 마라

 독립적인 인간으로서 당신의 자립한 젊음의 핵을 이루는 것은 그 어떤 경우에도 자신을 타인에게 팔아넘기지 않는다는 자긍심이다. 권력과 권위로 치장한 어느 누구에게도 절대 속지 않고, 굴하지 않는 자존의 정신이다. 그리고 위정자와 권력자와 지배자를 늘 의심의 눈으로 직시하고 감시를 게을리하지 않으며, 그들이 때로 인기를 얻기 위해 던지는 당근과 먹잇감에 꼬리를 흔들지 않는 것이다. 그들과 자신 사이에 분명히 선을 긋는 것이 무엇보다 중요하다.
 그러나 이미 자립한 젊음을 잃은 인간은 나약할 수밖에 없다. 그들 자신이 생각하는 이상으로 나약한 존재이다. 그러니 제 몸을 던져서까지, 직장을 잃으면서까지, 길거리에 나앉으면서까지 반기를 들려는 자는 극소수로 한정된다. 대부분의 사람은 당근과 먹잇감 사이에서 흔들리며 일희일비한다. 또 그 대부분의 사람 중에서 한층 겁이 많고 한층 교활하며 한층 계산이 빠른 자는 권력자의 시종과 앞잡이와 기생충 같은, 정상적인 사람에게는 조롱거리가 될 염치없는 역할을 자진하고 나선다. 그리고 사람들에게 배부된 당근보다 조금 더 큰 당근을 받았다며 어린애처럼 천진하게 자랑하면서 기뻐하고, 득의양양해 하고, 마치 인생의 승자라도 된 듯한 뿌듯함에 젖는다. 자립한 젊음은 한 톨도 느낄 수 없는 어리석은 자가 되어 이제 막 청년기를 지났을 뿐인데 그 마음은 이미 늘그막의 추악함으로 물들어 있다.

그렇게 태연히 추악한 인생을 사는 자들이 자신감에 젖어 자신에게 의문을 품지 않는 가장 큰 원인은 그들을 선망의 시선으로 바라보고 그들이 거머쥔 저속한 지위와 불결한 명예를 용인하고 대단한 사람이라고 칭찬하는 대중에게 있다. 그들을 훌륭하고 위대하다고 평가하면서 안이하게 선망하는 것은 사실은 사리사욕에 눈이 먼 얍삽한 자라는 것을 꿈에도 모르는 몽매함의 소치이며, 조악한 가치관 탓이다. 또 자립한 젊음을 완전히 말살당했기 때문이기도 하다.

세상은 늘 경박하고 단순하다. 반드시 알아야 할 진실을 외면하고 논리를 생리적으로 꺼리며 통찰을 멀리하고, 직감과 정서와 같은 상대 못할 척도에 의지해서 국가의 미래를 좌지우지할 만큼 아주 중요하고 큰 문제를 결정하려 한다. 경박하고 단순한 이런 악습은 대중의 치명적인 약점이다. 권력층은 그 점을 교묘히 악용해서 개인의 존엄을 착취한다.

그런데 권력층 역시 그런 악습에 뼛속까지 물들어 있기 때문에 다른 나라보다 오판할 확률이 훨씬 큰 것이다. 비정상적인 단결력 덕에 한때 국력이 상승하는 경우가 있다고 해 봐야 단박에 급격히 하강하는 추락의 위기를 면치 못한다. 그런 때에 구국의 영웅을 자처하며 출현한 자에게 보기 좋게 속아 넘어가 무수한 희생을 치르게 되는 것이다.

일본이라는 나라는 또다시 온갖 의미의 피폐를 향해 한없이 굴러떨어지고 있는 중이다.

선진국 대열에 낀 지가 벌써 오래전인데, 국제적인 영향력이 보잘것없는 까닭은 어디까지나 정서적인 판단을 우선하고 '자기'라는 것은 최대한 갖지 않으려 하고, 마찰은 되도록 피하려는, 곤충 같은 삶을 바라는 국민성 때문이다. 그것을 뒤집으면 소심하고 비열한 본성을 드러내는 셈이 될 테니, 억제나 자제의 미덕과는 도저히 연관 지을 수 없다. 요컨대 그럴싸하게 보이기만 하면 좋다는, 너무도 경박하고 경솔한 판단 기준으로 성립된 미숙하고 발달이 덜된 사회라고 할 것이다.

그러니 이 나라에서는 다 큰 어른들까지 그런 잣대에 의지해 자신들을 대표할 자의 인물 됨됨이를 판단하는 것이다. 그래서야 당연히 진짜를 가려낼 수 없다. 그 결과, 가짜가 횡행하고 가짜가 진짜인 양 받아들여지다 못해 나설 자리가 없는 진짜는 소멸의 길을 걷게 되는 것이다.

부끄러운 줄도 모르고 승부가 뻔히 보이는 퍼포먼스와 촌극을 벌이는가 하면, 아무리 힘써 봐야 실현이 불가능한 정책을 당당하게 내세우고, 수행 능력 따위는 하나 없는 자들이 국정의 요소요소를 차지하고 말았다. 따라서 가짜로 구성된 국가는 다른 나라에게 그 점을 순식간에 간파당하고 말아 은근한 멸시 속에 보기 좋게 이용당하고, 대국의 대통령이 조금 치켜세우거나 친구 대접이라도 하면 흥분해서 날뛰는, 실로 부끄럽기 짝이 없는 인물을 수상으로 추앙하게 되는 것이다.

국회의원이든 지방의원이든 시장이든 좋으니, 그 인물을 찬찬히 살펴보기 바란다. 특히 선거철에는 후보자들을 꼼꼼히 관찰해라. 아니 그렇게 열심히 응시하지 않아도 그들이 어느 정도 인간인지는 표정과 말투에서 분명하게 드러난다. 그들이 국가를 위한 길을, 지역사회를 위한 길을, 그리고 유권자를 위한 길을 진정으로 걸을 인물로 여겨지는가. 입으로는 무슨 말이든 할 수 있다. 인상 좋게 웃음을 흩뿌리는 것도 쉽다.

그들이 노리는 바는 어디까지나 자기 인생의 충실함이지 절대 그 이상이 아니다. 만족스러운 명예로 자신의 인생을 치장하고, 잘해서 이권을 거머쥐면 자기 배를 불릴 수 있겠다는 속셈으로 입후보한 자들이다. 그러니 당신의 한 표를 얻기 위해서라면 무슨 짓이든 하는 것이다. 한시도 애교를 잊지 않고, 누구와도 악수를 하고, 속이 뻔히 보이는 인사치레를 하고, 꾸벅꾸벅 머리를 숙이고, 때로는 무릎도 꿇는다. 눈물까지 보이는가 하면 어린아이든 강아지든 가리지 않고 아첨을 떨고 끝내는 현금까지 뿌린다. 이런 행동들은 그 반대급부를 기대하고 있다는 무엇보다 좋은 증거이다.

개인적인 욕망을 채우는 것이 목적이니 태연하게 그렇게 비굴한 태도를 취할 수 있는 것이다. 그러니 당신은 그들의 촌극에 보기 좋게 속아 넘어간 것이고, 철저하게 바보 취급을 당한 것이다.

만약 그런 작자들이 내세운 공약이 다소나마 지켜졌다면, 지금쯤 이 사회는 좀 더 살기 좋은 곳이 되었을 것이다. 아니 오래전에 이상적인 국가가 되었으리라.

그런데 현실은 그 반대이다. 이것은 그들이 얼마나 파렴치한 사기꾼이었는지를 말해 주는 증거이다. 애당초 어떤 타입의 인간이, 지금 어떤 처지에 있는 인간이 정치가가 되고 싶어 하는지를 잘 생각해 보기 바란다.

업계의 이익만을 추구했던 기업의 간부 출신, 재능이 없고 게으른 데다 자기 과시욕 탓에 싹조차 돋우지 못한 학자, 팔리지 않아 글을 쓸 수 없게 된 삼류 이하의 소설가, 현역 시절에는 이름을 다소나마 날렸지만 지금은 밥벌이가 끊긴 운동선수, 할아버지와 아버지의 간판과 지반을 이용했을 뿐인 아들과 딸, 일거리가 떨어진 배우, 의리와 인정밖에 내세울 것이 없으면서 한탕을 바라는 마음만은 남들보다 강한 지방 보스, 반문학적인 출세욕을 만족시키기 위해서라면 어용문화인 딱지도 무릅쓸 문예평론가, 속인의 화신처럼 추악하고 누가 봐도 숭배와는 정반대 대상에 불과한 소인배를 마치 신이라도 되는 양 떠받드는 오컬트 집단과 다름없는 종교 단체를 뒷배경으로 둔 자, 아무리 시간이 흐르고, 아무리 밝음을 가장해도 여전히 어딘가 모르게 비밀결사의 음험한 그림자를 드리우고 있고 그 사상의 실패와 좌절이 지겹도록 증명되었음에도 광신적인 집요함으로 곰팡내 나는 탁상공론에 집착하는 정당에서 공천된 자.

당신은 진심으로 이렇게 얼토당토않은 후보자 중에서 대표자를 고르려 하는가. 그런 선거에 참여하는 것이 국민의 의무이며 국가를 위한 유일한 길이라고 믿고 있는 것인가. 후보자도 형편없거니와 그들에게 한 표를 던지는 사람들 또한 마찬가지다.

후보자들의 속내를 똑똑히 알면서도 지지하는 자의 목적은 그들과 다르지 않다. 즉 개인적인 욕망을 채우기 위해 염치를 모르고 지원하는 것이다. 그리고 후보자들의 악수와 눈물과 웃는 얼굴과 입에 발린 말을 진심으로 받아들여 한 표를 던진 자는 사람이 좋아 속기 쉬운 것이라 할지라도, 세상을 알기 위한 노력과 자립한 젊음을 잃지 않으려는 노력을 게을리한 책임을 혹독하게 치르게 될 것이다.

매사에 본질과 핵심을 파헤치는 것이 귀찮고, 조금이라도 편하게 살고 싶어 하고, 가능하면 무난하게 지내고 싶어 하는, 그렇게 게으르고 그렇게 '자신'이라는 것을 최대한 갖지 않으려 애쓴 당신은 그들의 술수에 보기 좋게 걸려들어 당하기만 하는 어리석은 자가 되고 말았던 것이다. 또한 당신들은, 그럴싸해 보이는 것만으로 세상의 각광을 받고 무지몽매한 수많은 사람의 추대를 받으나 실은 실력도 재능도 의욕도 전혀 없는 무리에게 크나큰 권한을 주었다. 시대의 흐름에 뒤떨어지고 싶지 않은 두려움에 속은 썩었는데 권위의 옷만 걸쳤을 뿐인 인물과 화려한 광고에 힘입어 화제몰이를 하고 있는 그런 작자들의 작품을 인정하고, 도금된 금을 순금이라 믿고 표를 던지고 돈도 지불한다. 그러고는 젊음을 보충했다느니 젊음을 증명했다는 환영과 자기만족에 빠져 점점 더 늙어 가는 것이다.

그렇게 자립한 젊음이 죽임을 당했다는 자각도 없는 인간이 대부분인 시대가 찾아온 탓에 정치뿐만 아니라 예술 세계도 한없이 피폐해지고 말았다. 생기에 직결되는 힘과 정열을 잃고 위축되는 방향으로 단숨에 기울고 말았다. 영화, 음악, 미술, 연극, 문학. 어느 분야나 요람기에서 거의 진전을 보이지 않고 있다. 아니 한심한 상황으로 치닫고 있다.

사람들이 원하는 작품을 제공하면 된다는 장사 철학에도 물론 일리는 있다. 하지만 그런 철학 일변도라면 당연히 언젠가는 괴멸의 아픔을 뼈저리게 느껴야 할 날이 올 것이다.

# 4장

## 목적이 없는 자는
## 목적이 있는 자에게 죽임을 당한다

느닷없이 따끔한 지적을 받았다 한들, 일개 범인에 지나지 않고 또 서민의 한 사람에 불과한 자신은 어떻게 해 볼 도리가 없다. 하루하루 살아가기도 벅찬 지경이니 아무튼 지금의 생활에 매달릴 수밖에 없지 않은가. 그리고 눈앞에 있는 소박한 생활 속에서 소소한 즐거움을 찾아내고, 울고 싶을 때에는 마음껏 울고, 분노와 증오는 술과 함께 삼켜 버리고, 비슷한 사람끼리의 교제에서 평온을 얻고, 어깨에 힘을 주지도 말고, 자신의 처지를 넘어서는 신분 상승 따위는 꿈도 꾸지 않고, 모든 것을 감정이 이끄는 대로 내맡기고 인생을 어떻게든 살아가는 것이 사람다운 삶이 아니겠는가.

이런 유의 말이 횡행하고 있다. 손쉬운 이런저런 치유에서 위안을 얻으려는 자가 급증하고 있다. 별 볼일 없는 인간이라는 것을 깨끗하게 인정하고 훌훌 털어 버리는 것이 무슨 멋이라도 되는 양 하는 풍조가 만연하다. 많은 사람이 이렇게 느슨한 삶을 듬직한 뒷배로 받아들이며 살아간다. 동조자가 늘어나면서 부담감과 굴욕감이 줄어들어 지금은 당당하게 인생철학이라 밝히는 형국이다.

실제로 그런 내용을 담은 책이 날개 돋친 듯 팔리는 일도 드물지 않다. 독자는 마치 위험한 약에 중독된 사람처럼, '있는 그대로의 자신으로 충분하다, 자신을 긍정하라'는 신경을 절대 거스르지 않고 오히려 기분 좋게 하는 달콤한 말에 취한다.

그러나 어차피 그런 말은 일시적인 평안을 가져다줄 뿐이다. 어리석은 어머니가 어리석은 자식을 어르고 달래는 것과 다를 바 없으니 도취는 순간에 끝나 버린다. 뒤이어 내용은 똑같은데 외양만 다른 새 책을 사들여 탐독하는 사이에 변호가 불가능한 인간쓰레기로 추락하고 만다.

만약 당신이 그런 사람이라면 어린 시절에 좋은 약은 입에 쓰다는 말을 귀가 따갑게 듣지 못하고 자랐기 때문일 것이다. 물론 당신을 그렇게 키운 부모에게 큰 책임이 있지만, 그러나 당신은 이미 나이를 먹을 만큼 먹은 어른이다. 모든 것을 성장 과정 탓으로 돌리면서 모른 척하는 부끄러운 짓은 할 수 없다.

## 품 안의 '의존'을 하나하나 떨어내라

당신이 진심으로 인생을 이렇게 살아서는 안 되고 어떻게든 해야 한다고 심각하게 생각하고 있다면, 야생동물로서의 진정한 젊음을 되찾아 늘 날카로운 감각을 유지하는 인간다운 인간으로 생애를 마치기를 진정

바란다면, 설령 객지에서 고독하게 죽음을 맞더라도 미소를 머금고 떠날 수 있는 인간이 되기를 바란다면, 지금까지의 의존적인 체질을 개선하기 위해 게으른 자신과 철저하게 싸울 각오를 굳혀야 한다. 다른 방법은 없다.

  말이니 쉽지만, 어디서부터 손을 대면 좋을지 자신의 무엇과 싸워야 할지 전혀 감이 잡히지 않을 것이다. 또 장기전을 각오해야 한다. 당신의 지금 모습이 오랜 시간에 걸쳐 형성된 것인 만큼 새로운 당신으로 변모하기 위해서도 그만큼의, 아니 그보다 오랜 시간이 필요한 것은 당연하기 때문이다. 다른 사람으로 다시 태어나는 것만큼이나 힘든 일이다. 도중에 실패하고 좌절할 가능성이 매우 크다. 그러나 반드시 새로 거듭나야 한다는 자각을 갖고 충분한 시간을 들여 천천히, 조금씩 그 방향으로 움직이도록 노력하면 불가능한 일은 아니다.

  좀 더 손쉽게, 빨리 변신할 수는 없을까 하는 조급함은 성공의 길을 스스로 막는 것이나 다름없다. 그런 발상 자체가 오류이다. 또 타인의 힘을 빌려 어떻게 해보려는 생각, 예를 들어 강자나 위인, 정신과 의사 등에 의지해 종교나 점, 최면요법 등을 동원하려는 생각도 절대 하지 말아야 한다. 의존적인 체질에 물든 자신을 바꾸려 할 때 가장 큰 방해물은 막다른 상황에 처했을 때 의존 체질이 다시금 도지는 것이다. 이 고약한 중독성을 없애려는 것이니, 당신 자신의 의지에 기대는 수밖에 없다.

하지만 당신은 의지가 약해졌다. 죽어 가고 있다고 해도 좋을 정도이다.

자립한 젊음을 좌우하는 것은 의지의 힘이다. 의지야말로 인간을 다른 동물과 차별화하는 위대한 능력이다. 지금까지 그것을 무시하면서 살아왔기 때문에 마음먹는다고 금방 되살아나지는 않는다. 극단적인 운동 부족으로 부실해진 근육을 강하게 하려면 나름의 시간을 들여 트레이닝을 해야 한다. 당신이 품 안에 잔뜩 껴안고 있는 의존을 하나하나 떨어내는 방법밖에 없다. 이 점을 반드시 명심해야 할 것이다. 귀찮다 여기면 거기서 끝이다.


## 담배라는 안이함과 절교해라

우선은 사소한 일부터 시작하는 것이 좋다. 정신적인 의존은 일단 놔두고, 처음에는 육체적이고 생리적인 의존과 맞붙어 싸우는 것이 현명하다. 확실하게 눈에 보이기 때문에 성공했을 때의 성취감이 한결 크고, 그것이 자신감으로 이어지기 때문이다. 자신감은 관념을 질서정연하게 정돈한다고 해서 생겨나는 것이 아니다. 자신감은 체험의 축적으로만 얻을 수 있다. 체험에서 비롯된 자신감은 흔들림이 없고, 그 때문에 당신의 삶을 크게 좌우하고 또 당신에게 자립한 젊음을 주입하는 강력한 활성제가 될 것이다.

예를 들어 금연을 해 보는 것이다. 자신을 바꾸려는 계획의 첫 테이프를 끊기에 더없이 좋은 목표이다. 담배를 끊겠다는 결심도 하지 못할 정도면 얘기가 안 된다. 그 정도도 못하면서 인생을 바꿀 수는 없다. 끊겠다는 마음이 진심이라면 가능하다. 사실 당신은 당신이 생각하는 만큼 약하지 않다. 그저 도망치는 습관이 붙어 있는 탓에 그렇게 믿고 있을 뿐이다.

약자의 대부분은 사이비 약자이다. 약자인 척을 하면서 인생과의 싸움을 회피하려는 게으름뱅이거나 비겁한 자이다. 그들은 뭔가에 도전해 본 적이 한 번도 없을 뿐이지 실은 많은 능력을 충분히 갖고 있다. 한계에 이르도록 도전했다 실패한 탓에 자신감을 잃은 것도 아니면서 마치 언제나 전력 질주한 양 '할 만큼 했다'는 말로 자신을 멸리하고 또 비하한다. 이는 너무나 한심하고 또 우스꽝스러운 태도다.

건강에 좋지 않다는 것을 알면서도 담배를 끊지 못하는 것은 당신의 정신 전체가 안이함에 젖어 있기 때문이다. 다른 이유는 없다. 독이라는 것을 알면서 열심히 체내에 흡입하는 것은 생물적인 행위에 반하는 것이라고밖에 할 말이 없다. 밤낮으로 섭취하는 니코틴 역시 당신의 자립한 젊음을 죽인다. 육체의 젊음도 그렇지만 영혼의 젊음까지 죽이고 만다. 고작 그깟 일에서도 손을 떼지 못하는 당신은 정말 살고 싶어 하는 사람인가. 사실은 죽음을 바라고 있는 게 아닌가. 자신의 인생을 고릿적에 내던진 것은 아닌가. 나는 그렇게밖에 생각되지 않는다.

그렇지 않다, 나는 더 오래 살고 싶고 더 생기발랄하게 생활하고 싶다. 그렇게 주장한다면, 당신은 우선 그 증거를 친족이나 친구, 지인 등 다른 누군가가 아니라 당신 자신에게 분명하게 제시해야 할 것이다. 지금까지는 건설적이지 못한 삶을 살아왔지만 이쯤에서 자신과 결전을 벌이고 싶다고 진심으로 바라면서 슬슬 엉덩이를 들고 있다면, 자신과 정면으로 맞붙어 자신의 결함을 직시하고 굴복시키겠다고 맹세하는 동시에 실행에 옮길 일이다. 당신을 개조할 수 있는 사람은 당신 자신밖에 없다. 그런 지극히 당연한 인식도 없다면, '그 정도는 말 안 해도 안다. 괜한 간섭 말라'는 반발 어린 중얼거림은 어린애 말대답 수준에 지나지 않는다.

내 경험으로 봐서, 담배를 끊는 방법은 한 가지밖에 없다. 금연을 작정한 날, 딱 인연을 끊는 것이다. 그야말로 딱 끊는다. 타협은 결코 없다. 서서히 줄이려 하거나 니코틴 패치를 붙이거나 전자담배를 대용하거나 의사의 지시에 따르거나 금연을 맹세한 동료에게 의지한 지인들은 하나같이 다 실패했다. 그렇게 미련을 못 버리는 짓을 하는 의존 체질이야말로 원흉이다.

물론 금연에 성공했다고 해서 당신의 인생이 하루아침에 크게 바뀌는 것은 아니다.

그러나 당신 내부에서는 육체적으로나 정신적으로나 바람직한 변화가 생겨나고 있을 것이다. 담뱃진으로 시커멓던 폐와 식도와 위가 나날이 원래의 건강한 색을 되찾고, 피부도 깨끗해지고, 눈의 흰자위도 맑아진다. 식욕이 돋고, 미각이 섬세해져 진한 맛도 피하게 된다. 즉 몸 자체가 생물로서의 올바른 방향으로 핸들을 튼다.

동시에 정신에서도 변화가 나타나기 시작한다. 오래도록 나를 지배해 왔던 중독을 이겨 냈다, 이렇게 기개 없는 나도 마음만 먹으면 승리자가 될 수 있다, 생각했던 만큼 나약한 인간은 아니었다며 자신감이 회복되고 그 효과는 크다. 마음의 폭을 한층 넓혀 주고, 가수면 상태 혹은 가사상태에 있었던 이런저런 능력들을 일깨워 벌떡 일어서게 하며, 그렇게 증오하면서도 편애했던 나약함과도 과감하게 절연시킨다.

그렇게만 되어도 당신은 이미 미래를 향해 살아가는 인간으로 변모한 것이다. 인간은 당신이 생각하는 만큼 복잡한 생물이 아니다. 그러나 우쭐하기에는 아직 한참 이르다. 타인의 눈에는 '그래서 뭐 어쨌는데' 하는 정도의 변화로밖에 보이지 않으니, 노예의 처지에서 보란 듯이 탈출할 수 있을 만큼의 힘을 발휘하려면 턱없이 부족하다. 초조함은 금물이다. 아무튼 금연을 계속하면서, 완전히 정착할 때까지 거기에만 전념해야 할 것이다. 자칫 방심하면 금세 거꾸로 돌아가는 경우도 많기 때문이다.

이제 괜찮다고 안심할 무렵, 한 개비 정도는 피워도 되겠지, 마음만 먹으면 언제든지 끊을 수 있을 만큼 강한 의지가 있으니까 하는 안이한 생각으로 피웠다가 도로 아미타불이 된 자가 적지 않다.

이것은 다이어트의 요요 현상과 비슷한 버릇이다. 실패를 거듭할 때마다 오히려 악화되어 마지막에는 말 그대로 자신감을 잃게 된다. '인생이 다 그렇지 뭐.' '그렇게 아등바등할 만큼 대수로운 일도 아니잖아.'

'이게 내 모습인 걸. 억지를 부리면서까지 살 가치 있는 세상도 아니고. 인간 냄새 나는 인간으로 사는 것에 자신감과 자부심을 가져야지.' 그런 해답도 뭣도 아닌 결론을 꺼안고 토라져 떼를 부리는 어린애 같은 눈빛으로 너덜너덜해지는 자신의 모습을 넋 놓고 바라보면서, 줄기가 마르고 뿌리가 썩어 들어가는 병에 걸린 식물과 흡사한 생애를 마감하게 된다. 물론 당사자가 그래도 좋다고 생각한다면, 옆에서 뭐라고 떠들어 봐야 소용이 없다. 기껏해야 "당신의 인생이니 좋을 대로 하시죠." 하는 소리밖에 할 수 없다.

금연 중에 있는 당신에게 말하겠다. 담배를 피우는 타인의 모습을 보면서, 이 사람 코에서 연기가 풀풀 나는데 어떻게 된 거지 하며 거부감을 느꼈다면 성공했다고 판단해도 좋을 것이다. 그러나 극복해야 할 의존, 정복해야 할 적은 아직도 많이 남아 있다. 금연으로 식욕이 좋아져 체지방이 많아진 탓에 복부 비만이 된 체형도 그 하나이다. 비만 또한 끽연 이상으로 부자연스럽고 동물적이지 못한 현상이다. 게다가 당신의 젊음을 죽이는 골치 아픈 적이다. 젊음은커녕 생명 그 자체를 노리는 최강의 적이라고 해도 좋을 것이다.

## 체형이 정신을 말해 준다

  체형은 그 사람의 성격과 삶의 방식을 여실히 드러낸다. 식욕을 이기지 못해 투실투실 살이 찐 자는 의지가 강해 보이지 않고 사실도 그렇다. 자기 관리도 못하는 자가 지구력과 인내력과 신뢰성과 결단력을 발휘할 수 있으리라고는 도저히 생각되지 않는다. 주위에서도 그렇기를 기대하는 일은 없을 것이다. 사람들은 오히려 소심하고 겁이 많으리라 의심하고, 거기에서 파생되는 배신과 태도 바꾸기와 가벼운 입과 비겁한 행동을 연상한다. 그러므로 초면에 절반밖에 신뢰받지 못하더라도 이상해 할 것은 없다.

  비만형의 사람에게 느긋하고 너그럽고 선량해 보인다, 옆에만 있어도 기분이 편안해진다는 사람은 어디까지나 표면적인 인상을 중요시하고, 현실을 경원하고, 어른이 되어서도 동화 속에서 놀고 싶어 하는 사람일 뿐이다. 자립을 거부하고 소년 소녀 시절의 마음을 소중하게 간직하고 싶다는 징그러운 말을 태연하게 늘어놓는, 태어났을 때 이미 늙어 버린 위험한 어른들뿐이다.

  담배를 끊음으로써 자립한 젊음을 되찾으려는 여정의 출발선에 선 당신, 야생동물로서의 육체를 회복해

가고 있는 당신은 절대 그런 사람들과 같은 부류가 아닐 것이다.

이 또한 나 자신의 경험에서 얻은 교훈인데, 체중을 줄이려면 딱 한 가지 방법밖에 없다. 칼로리 섭취 억제, 그것뿐이다. 본능 중에서 가장 강력한 적을 상대하려는 것이니, 편히 갈 수 있는 방법은 없다. 그런데 누구든 손쉽게 할 수 있다는 글귀를 버젓이 늘어놓고 돈을 갈취하려는 악랄한 장사가 끊이지 않는다. 만약 건강을 해치는 일 없이 먹고 싶은 대로 먹으면서 체지방을 줄일 수 있는 약이나 방법이 한 가지라도 있었다면 벌써 오래전에 비만 문제는 깔끔하게 해결되어 비만한 자들이 사라졌을 것이다. 그러니 속아서는 안 된다.

안이한 방법을 팔아먹는 자들의 목표는 오직 하나, 당신의 지갑 속 돈이다. 그 외에는 절대 없다. 무리한 방법과 부작용이 따르는 약 때문에 당신의 건강이 좀먹는 것이다. 이것이 사회문제로 발전해 봐야 회사는 이미 존재하지 않고 책임자도 행방을 감춘 후이다.

위를 졸라매거나 잘라 내는 수술, 지방을 흡입하는 의료 행위도 위험하다. 그것은 어디까지나 마음의 병 때문에 식욕을 도저히 억제할 수 없는 사람들에게 시술하는 비상 조치이다. 당신의 마음이 그렇게까지 병들었다는 말인가. 그럴 리 없다. 식욕은 의지의 힘이

미치는 범위 안에 있으니, 노력하면 어떻게든 억제된다. 식사는 습관에 지나지 않는다. 하루 세 끼도 즐거움의 하나라는 것은 이해한다. 그것은 살아 있는 생물로서 아주 자연스러운 행위이다. 그러나 본능에 따른 행위라 할지라도, 거기에는 인간으로서 이성의 작용이 있어야 마땅하다. 좋아하는 음식을 양껏 먹는 것은 섹스를 할 때마다 임신을 시키는 것이나 다름없으니 감당하기 어려운 결과를 낳는다.

섹스는 피임으로 끝나지만, 식사는 그렇게 간단하지 않다. 식전과 식후에 이걸 마시면 소화 흡수를 방해한다는 다이어트 제품이 수도 없이 시판되고 있는데, 지금까지 결정타를 날린 제품은 없다. 생명까지 위협할 수도 있는 독극물 같은 것이 있었을 뿐이다.

영양의 균형과 자신의 나이, 생활에 적합한 섭취량을 배우는 것부터 시작하자. 그리고 무모하게 단기간에 목표를 달성하려 하지 말고, 우선 올바른 식사 습관을 체득하는 것에서 출발한다. 식사 습관이 반듯해지면, 거의 터지도록 늘어났던 위가 천천히 줄어들면서 무리 없이 체중을 줄여 갈 수 있다. 당분과 지방의 섭취량을 최소한으로 줄이는 것도 잊지 말아야 한다.

그런데 금연과 마찬가지로, 감량에도 함정이 도사리고 있다. 체중을 줄이는 것 자체는 그리 어려운 일이 아니다. 표준 체중으로 돌아가는 것 정도는 무모한 방법을 쓰지 않고도 어떻게든 할 수 있다. 문제는 유지와 지속이다. 이는 마당에 돋은 잡초를 뽑는 일이나 똑같아 끝이 없다. 한 번 솎아 낸다고 그것으로 끝이 아니다. 마당이 존속하는 한 그 노력은 쉴 새 없이 요구된다. 좀 게으름을 피우면 당장에 잡초가 퍼지고 그대로 방치하면 예쁘던 마당이 황무지로 변하고 만다.

담배는 끊어도 죽지 않지만, 식사는 그렇지 않다. 담배처럼 전면적으로 끊을 수는 없으므로 끊임없이 먹고 마시고픈 유혹에 시달리게 된다. 올바르던 식습관이 흐트러질 기회는 얼마든지 있다. 신경을 써서 잘 지켜 오다가도 어쩌다 망년회나 크리스마스 파티나 신년회, 생일이나 여행 때처럼 평소와 다른 식사를 하게 될 때, 한 번쯤은 어때 하는 방심을 계기로 고삐가 풀리는 바람에 건전한 식사로 돌아가지 못하고 요요 현상이라는 비극에 몸을 던지고 만다.

정상적인 크기로 줄어들었던 위는 점점 팽창하고, 가득 담지 않으면 부족하다고 느끼다 못해 짜증을 부리게 된다. 그러다 끝내는 불행하다고 느끼게 되면서 식욕에 의존하는 것이다. 먹는 것에서밖에 생의 보람을 찾지 못하니 식욕의 괴물로 변해 간다.

## 목적이 없는 자는
## 목적이 있는 자에게 죽임을 당한다

 스트레스를 잠시 잊게 해 주는 과식으로 치닫는 것은 생활 방식에 직접적인 원인이 있다. 가치 있는 삶의 목적이 없고, 목적을 가지려고도 하지 않고 하루하루를 대충 얼렁뚱땅 사는 것에 기인하는 경우가 적지 않다. 별 재미있지도 않고 무미건조한 일을 오로지 먹고살기 위해 참으면서 계속하고, 타인에게 이런저런 잔소리를 듣고, 도저히 피할 수 없는 복잡한 인간관계에 얽히는 직장 생활. 몰두할 만한 취미가 있는 것도 아니고, 정열을 불태울 연인이 있는 것도 아니고, 밝은 미래를 위한 인내와 순종도 없다. 나날을 어영부영 보내는 사이에 젊음이라고는 한 톨도 없는, 육체도 정신도 투실투실한 추악한 인간으로, 동물원의 동물보다 못한 인간으로 추락하고 만다.

 독자적으로 사는 목적이 없는 자는 그것이 있는 자에게 휩쓸리게 되어 있다. 평생을 이용당하며 산다. 타인의 목적을 위해서 사는 자는 그 허망함을 보상받기 위해 본능대로 쾌락에 빠져들어 무의식중에 자신의 생명을 축내려 한다. 존재 의의를 잃었다고 생각하고, 알게 모르게 간접적인 자살의 길을 걸어가는 것이다.

육체를 방치한 채 정신만 똑바로 차린다는 것은 불가능하다. 정신은 해이한데 육체만 단단히 하는 것도 불가능하다. 육체는 정신을 여실히 반영하는 거울이며, 정신은 육체의 상태에 따라 결정된다. 따라서 육체와 정신, 양쪽을 늘 정비하고 갈고닦는 것이 생명이 있는 생물로서 행해야 할 최소한의 의무이다. 그것을 게을리한 자는 점차 자립한 젊음을 잃어 이 세상에 적응하지 못하는 존재가 되고 만다. 판에 박은 듯 늘 표정이 우울하고, 무슨 일이 있을 때마다 자포자기로 도망치는 깊이 없는 염세주의자의 일원이 될 수밖에 없다.

 마음과 영혼의 문제에 모순투성이 손익계산서를 내밀면서 자립한 젊음이 쇠한 자들의 정신을 자유자재로 주무르는 것을 생업으로 하는 종교계에 육체와 정신의 균형이 엉망인 승려와 목사와 교주가 유독 많은 것은 어째서인가. 웅장함을 강조했으나 어차피 허세에 불과한 건축물의 중심부를 떡하니 차지하고서 호화로운 법의를 걸치고 있으니 신분을 알아챌 수 있을 뿐, 사복 차림 때에는 그저 먹보에 술고래에 호색한, 속물 중에서도 최고 가는 속물로밖에 보이지 않는 타입이 버글버글하다.

 투실투실 살찌고, 기름이 번들거리고, 술에 벌겋게 찌든 얼굴은 주글주글 망가졌다. 답답한 말투로 설교

하고 설법을 늘어놓는 모습 어디에 믿을 만한 구석이 있는지 모르겠다. 아무리 교묘한 언변으로 둘러대고, 가짜 경력으로 배경을 번쩍거리게 치장하고, 수많은 신자를 거느리고 있어 봐야 그 게으른 육체와 추악한 풍모 자체가 그의 전 존재를 부정하고 있다. 육체와 마찬가지로 정신도 썩어 가고 있으니, 형이상학적인 문제를 운운한들 아무 가치 없는 쓰레기에 지나지 않는다는 것을 증명할 뿐이다.

그런데 자립한 젊음이 없는 사람들에게는 그런 사기꾼 같은 성자도 충분히 통용되는 듯하다. 속물근성을 고스란히 드러내는 데다 삼류 사기꾼밖에 못 되는, 카리스마 따위는 어디를 봐도 찾아볼 수 없는 추악한 인물을 존경하고, 따르고, 받들어 모신다. 도무지 이상해서 견딜 수가 없다. 이렇게까지 어리석을 수 있다니. 왜 자신의 영혼을 이런 싸구려 사기꾼에게 그리도 쉽게 내맡길 수 있단 말인가.

피하 지방과 내장 지방의 두께는 타락의 정도와 정비례한다.

그 인물을 순간에 판단하는 잣대로 육체만큼 정밀한 것은 없다. 육체가 정신의 모든 것을 정확하게 말해 주기 때문이다. 그렇다면 마른 사람은 어떤가. 이 경우에는 눈을 보면 알 수 있다. 자립한 젊음의 징표인 눈동자의 빛, 그 빛이 있느냐 없느냐에 따라 혹은 안광의 날카로움으로 됨됨이를 쉽게 파악할 수 있다. 아무리 교묘하게 포장해도, 천박한 성품은 순간의 표정에서 묻어 나오기 마련이다. 그러나 말로만 판단하는 것은 금물이다. 마찬가지로 인터넷의 세계에서만 타인을 믿는 것도 아주 위험한 일이다.

정색한 표정으로 세상을 위하고 인간을 위한다고 떠벌리는 작자들은 절대 믿어서는 안 된다. 사랑과 꿈과 친절과 만남과 치유와 행복과 구원이라는 말을 남발하는 이들도 마땅히 피해야 한다. 그것은 철칙이다. 그런 말로 자신을 끝없이 치장하지 않으면 안 될 정도로 추악하고 악랄하다는 뜻이기 때문이다.

## 술이 없었다면
## 혁명은 거듭되었을 것이다

끽연과 과식은 어떻게든 극복할 수 있을지 모른다. 그러나 술은 그렇게 간단하지 않다. 습관성, 중독성이 너무도 강한 이 적은 대결할 결심을 굳히는 것마저 망설여질 만큼 무시무시한 상대다. 어정쩡한 결심으로 도전했다가는 도리어 당할 수도 있다.

직장인이나 고용인이라는 노예들이 대부분인데, 그런 현실에 저항하지 않는 자들이 이렇게 많은 것은 아마 술의 마력 때문이 아닐까 한다. 아무리 굴욕적인 처사를 당하고 진저리나는 생활이 구질구질하게 계속되어도 자립과 독립의 길을 걸으려 하지 않는 것은 술이 방해하기 때문이다. 만약 이 세상에 술이 없었다면 하루가 멀다 하고 폭동과 반란이 일어났을 것이고, 혁명과 정변 역시 수도 없이 거듭되었을 것이다. 지금과 같은 비정상적인 질서는 절대 성립되지 않았을 것이다.

술 앞에서는 답답함도 슬픔도 분노도 맥을 못 춘다. 술이 들어가면 그 화살은 국가와 사회를 향하는 일도 없어지고, 어쩌면 이상적인 사회와 국가를 재건하는 원동력이 될 수도 있었을 감정의 폭발도 그 기회를 잃고 만다. 정당한 권리 주장도 다음 날이면 숙취의 두통 속에 매몰되고 만다. 출근하기 위해 옷을 차려 입고 나면, 자신에게는 이 길밖에 없다느니, 이 정도가 어울리는 인생이라느니, 그렇게 중얼거리면서 비인간적인 만원 전철에 몸을 싣는다. 그리고 직장에 도착할 무렵이면 이미 하루에 필요한 에너지의 절반은 소모되고 만 상태이다.

직장인의 세계에서 사람들이 일 자체에 쏟는 에너지는 얼마나 될까. 아마 전체의 10퍼센트에도 못 미치지 않을까 싶다. 나머지 90퍼센트는 통근과 인간관계와 꾀부리기와 회식에 소모될 것이다. 이래서는 잠자는 능력을 일깨우는 곳이라 할 수 없다. 물론, 일을 배우면서 업계 사정도 듣고, 저금해 돈을 모으면서 독립할 기회를 호시탐탐 노리는 야심찬 직장인들도 적지 않다. 운 좋게 보람 있는 일거리를 맡아 충실한 나날을 보내는 회사원도 많다. 하지만 대부분은 좌절의 불운을 면하지 못한다. 원인은 다양하다. 미적지근한 생활에서 비롯된 타락. 고용주의 무능이 빚은 불합리한 인사이동. 가혹한 현실에서 받게 된 타격. 그리고 술로 망가진 인생 설계.

  국가가 습관성이 있는 마약류를 단속하는 것은 그런 약물들이 단시간에 폐인을 양산하고, 그 의존성 환자들이 약물 값을 구하기 위해 범죄로 치닫는 비율이 너무 크기 때문이다. 그냥 내버려 두면 사회의 질서가 무너지고, 밀매업자들에게 모이는 자금이 자본가들의 자금을 훨씬 넘어서 입장이 역전되기 때문이다. 또 충실하고 순종적이며 우수한 노예의 수가 점점 줄어들어, 그들의 헌신과 노동력으로 필요 이상의 풍족함을 누리고 있는 특정 소수 계층에 해가 미칠 것을 극도로 우려하기 때문이다.

  그렇다고 철저하게 단속만 하면 언젠가는 노동자 계

급이 부당한 처우에 정의로운 분노를 폭발시켜 봉기로 몰고 갈 것이다. 노예들의 분노를 해소하기 위한 적정선의 마약, 그것이 바로 술이다. 술 정도는 너그럽게 봐 줘야 자신들의 위치가 위태롭지 않다는 의미도 있지만, 그들 자신도 술에 지배당해 있는 것이다. 술 때문에 실각한 정치인과 사업가가 얼마나 많은가. 지방 출신 국회의원 중에 주조업자가 많은 것도 술에 관대한 한 원인일 것이다.

그러나 술 역시 지극히 유해한 약물인 것은 다르지 않다.

적당히 마시면 괜찮다고 제아무리 강조하고, 인간관계를 부드럽게 하는 윤활유라고 치켜세워 본들, 도저히 술의 강력한 유해성을 무마할 수는 없다. 텔레비전의 건강 프로그램에 나와 금주를 강권하는 의사만 해도 술고래의 얼굴과 체형인 예가 종종 있다. 알코올 의존증이란 그만큼 끔찍하다는 뜻일 것이다. 적당한 양은 좋은 약에 필적한다는 말을 흔히 듣는데, 과연 적당한 양을 엄수하는 애주가가 얼마나 될지 모르겠다. 아마 거의 없을 것이다.

알코올 의존증과 애주가를 어떻게 구별하는지에 대해 전문의가 하는 말을 들은 적이 있다. 일상생활을 제대로 할 수 없으면 알코올 의존증이라고 한다. 요컨대

'일도 하지 않고 아침부터 술에 절어 살게 되면'이라는 뜻인 듯하다. 이 얘기를 듣고 주당들이 무척 안도하지 않았을까 싶다. 자신은 아직 그 정도는 아니라고 안심하면서 가슴을 쓸어내렸을지도 모르겠다. 하지만 그렇게 너그러운 잣대로 재어서는 결코 안심할 수 없다.

술을 한 방울도 입에 대지 않는 내가 보기에 대부분의 주당은 이미 의존증이든지 그 전 단계인 예비군이다. 뇌의 대부분을 이미 알코올이 점령하고 말았다는 인상밖에 받지 못하기 때문이다. 언제든 계속 마시고 싶다고 바란 나머지 그들 자신은 최대한 여유 있게 애매하게 선을 긋고 싶겠지만, 그렇게 자신을 느슨하게 관리하다가는 돌이킬 수 없는 상황에 이를 수도 있다.

술이 없으면 이 세상은 암흑이다. 술을 마실 수 없다면 인생도 끝장이다. 쉬는 날 아침부터 술을 마실 때가 가장 행복하다. 그런 말을 진심으로 하는 자를 보면, '아, 이 사람은 이미 인간이기를 포기했군.' 하고 생각하면서 적당한 선에서나 교류하지 속을 터놓고 얘기할 수 있는 상대는 못 되겠다고 생각한다.

출근을 미루게 된 사람에게 알코올 의존증이라고 하면 이미 때는 늦다.

나는 자립한 젊음이 말살당했다는 것을 알면서도 언제까지나 고용인의 신분에 머물러 있는 것 자체가 알코올 의존증의 증거가 아닐까 하고 생각한다. 자기 인생의 근간까지 얼버무리려고 몸 안에 술을 부어 넣는다는 것은 중대하고 심각한 문제다. 합법이라는 이유로 다들 그런 인식이 너무도 부족하다. 술만 있으면 어떤 일이든 견딜 수 있다는 강력한 의존증이 당신의 진보를 저지하고, 의욕을 빼앗고, 결의를 무산시킨다. 도피하는 습관에 젖게 하고, 그저 뜬구름 같은 생각에만 잠겨 있을 뿐 실천은 하지 않는 몽상형 쓰레기 인간으로 변모케 하는 것이다.

오랜 세월 지속된 음주로 당신은 술 앞에서는 걸음을 멈추고 제자리걸음을 하는 몹쓸 버릇이 들고 말았다. 그 탓에 미래 지향적인 인생의 바다로 노 저어 나가 볼까 하고 진지하게 생각할 기회가 얼마든지 있어도, 방향도 정해지기 전에 술에 앞길이 가로막히고 만다. 알코올 때문에 뇌세포가 마비돼 사고력과 인내력과 집중력과 지구력 등 이 세상을 살아가는 데 듬직한 무기가 되는 힘이 녹슬고 만다. 점점 더 싸울 기력을 잃어 시련 축에도 못 드는 장해물을 피하게 되고, 자신감도 잃게 되며, 무거워만 지는 몸을 끝내는 들 수조차 없게 된다.

술에 푹 전 당신은 당신의 어딘가에 잠자고 있을 능력을 발견하지도 못하고, 있을지도 모를 재능을 꽃피우지도 못한다. 마실수록 뇌가 위축되어 자유와 활기의 빛이 비치는 인생을 개척할 리도 없다. 야생동물의 광휘와는 인연이 없고 살아 있다고 조금도 실감할 수 없는 24시간을, 더 나아질 것 없는 365일을, 쇠퇴와 부패의 수십 년간을, 술을 입에 댔을 때에나 미소를 띠는 인생을 보낼 뿐이다. 도망칠 구실에나 눈을 부라리고 문학적인 악취가 풍기는 변명의 말에나 귀를 기울이며 일시적인 안식에나 마음을 열면서 말이다. 그러다 어쩌면 도달할 수도 있었을, 빛나고 값진 목적과 목표를 알게 모르게 놓치고 만다.

지금 당신의 입에서 나오는 말은 그것이 아무리 진지한 생각에서 비롯되었다 해도, 술주정뱅이의 허언, 술자리 분위기를 돋우려는 허풍으로밖에 받아들여지지 않는다. 또는 술집이나 술친구들 사이에서만 통용되는 폐쇄적인 인생론에 불과하다고 여겨진다. 그것은 마치 밤마다 하늘을 향해 침을 뱉는 것이나 다름없는 상황이다.

약간의 스트레스와, 자신을 연마하기 위해 사실은 적당히 필요한 압박과, 실제로는 자기 힘으로만 넘어설 수 있는 장벽을 느낄 때마다 술에 도움을 청하게 된다. 그러다 급기야 술을 마시기 위한 구실로 사소한 문제를 확대 해석한다. 술이 이끌어 주지 않으면 오늘도 내일도 살 수 없게 되고 만다. 진정한 당신은 어디로 가 버렸냐고 고함이라도 질러 주고 싶을 정도의 이런 한심한 상태는 분명한 알코올 의존증이다. 전문의가 뭐라고 하든, 일상생활에 지장이 있든 없든 그렇다. 신속하게 손을 쓰지 않으면 안 되는 무거운 병이다. 생물로서 불완전한 삶에 이미 빠져 있다. 정신도 이미 녹아 가고 있다.

더욱 무서운 것은 금연에 비해 완벽한 금주에 성공한 자의 비율이 아주 낮다는 점이다. 술은 마물이라는 말이 옳다. 인생을 물거품으로 만들어 버린다는 점에서는 그야말로 마약이다. 금주의 맹세를 하고서 몇십 년 동안이나 술을 끊은 자라도 어쩌다 마신 딱 한 잔에 원래 상태로 돌아가, 오랜 세월의 고생과 노력이 물거품이 되었다는 얘기를 들은 적도 있다.

인생은 시련의 장이며 싸움의 연속이다. 어떤 생명이든 시련 하나하나를 이겨 내고, 설령 패배했다 해도 얼마 후면 재기할 수 있는 훌륭한 자질을 갖추고 있다. 난관에 도전하는 것에야말로 삶의 의미와 맛이 있는 것이다. 어쩌면 그게 전부일지도 모른다. 어디까지나 온전한 자신으로 사는 것, 그것이야말로 인생의 궁극적인 목적인지도 모른다.

그러한 존재로서의 기반을 송두리째 빼앗는 것이 술

이다. 세상은 술에 모든 것을 빼앗긴 나머지 옴짝달싹하지 못하는 사람들로 넘쳐 난다. 퇴근길에 동료들과 술을 너무 마셔 토악질을 하고 그 오물과 뒤범벅이 된 채 길바닥에 쓰러져 있는 사람이 그렇게 많은 데는 그저 어이가 없을 따름이다. 집단자살에 버금가리만큼 비참한 양상이다.

그런 꼴을 당연하게 받아들이고 용인하는 사회 역시 정상은 아니다. 당신은 술을 퍼마시고 이성을 잃어버리고 싶어 할 만큼 그렇게 대단한 이성의 소유자인가.

술은 당신을 노예의 처지에 한없이 묶어 놓는다. 마음을 파먹고 끝내는 육체까지 파괴한다. 그렇게 되었을 때 당신에게는 이제 노예로서의 가치마저 없다. 당신을 고용한 개인과 조직은 쓸모없는 쓰레기로 변한 당신을 가차 없이 내던질 것이다. 또 비슷한 방식으로 당신을 포기하는 자도 있을 것이다. 친구는 물론 친형제와 가족까지 당신의 곁을 떠나갈 것이다.

그것을 딱히 매정한 처사라고 할 수는 없다. 폐인이나 다름없는 잉여물이 된 당신에게 힘을 빌려 줄 수 있을 만큼 여유 있는 관계자는 있을 리 없다. 동정심으로 괜히 관여했다가는 함께 망가질 것이 뻔하다. 세상 사람들이 인정머리가 없는 것이 아니라 끝없이 타자에게 의지해 살아온 당신이 뻔뻔스러운 것이다.

사람은 서로 돕고 사는 사회적인 동물이라는, 귀에 익숙한 말을 당신은 제멋대로 해석하면서 거듭 무질서하게 생활해 왔다. 그랬으면서도 마지막에는 누구라도 도움의 손길을 뻗어 줄 것이라는 어린애 같은 안이한 사고에서 벗어나지 못했다. 아니 벗어나려는 시도도 하지 않은 대가를 지금 치르는 것이다.

 더없이 술을 사랑한 위대한 예술가. 그런 고리타분한 말을 마지막 은신처로 삼아서는 안 된다. 영화 〈츠바키 산주로〉의 주인공이 뱉은 "나는 술을 마셔야 머리가 좋아진다."는 말을 무슨 멋인 양 상투적으로 사용해서는 안 된다. 술고래였던 예술가들이 만약 술에 의지하지 않았다면 몇 배는 더 감동적인 작품을 남길 수 있었을 것이다. 작품 수도 몇 배에 달했을 것이다. 그들은 예술 세계에서는 지극히 당연한 고독을 견뎌 내지 못하고, 고독에 짓눌리는 상황을 두려워하다 못해 술의 힘을 빌렸다. 그 대가로 재능을 갉아먹혔으며 끝내 목숨마저 반납했다.

 만약 그들이 재능이 무엇인지를 깨우치고, 즉 자신에게 있는 것은 재능의 싹일 뿐 그 싹을 키우는 것은 자립임을 깨닫고 단호하게 술을 끊는 수밖에 없다는 결론을 내렸다면 상황은 아주 달라졌을 것이다. 그리고 그 결론을 실천에 옮기면서 창작의 기쁨이 술을 압도

하는 도취감을 가져다준다는 것을 체득했다면 더 걸작을, 걸작 중의 걸작을 이 세상에 남겼을 것이다. 하지만 그러지 못하고, 술에 의존하는 생활로 재능의 싹까지 말라 죽게 해 버린 탓에 자살과 병으로 젊은 나이에 세상을 떠나고 만다.

그런데 작품 자체보다 그렇게 나약한 삶에서 파생된 비극적인 인생 쪽에서 자기변호의 의미와 구실을 찾고 때로는 동경까지 하는, 상당히 비뚤어진 애주가들이 그들을 위대한 예술가로 떠받든다. 병적인 안온함을 동반한 그 왜곡된 평가가 예술에 대한 안목이 없을뿐더러 자신에게 어리광밖에 피울 줄 모르는 사람들 사이에 침투한 것이다. 섬세한 감각은 장점이기도 하지만 위험한 단점이기도 하다. 섬세함과 나약함은 동전의 양면일 수도 있으니, 술에 굴복할 가능성이 그만큼 크다. 예술가 중에 재능을 키우고 발전시키는 선까지 가지 못한 채 자멸의 길로 들어선 자가 많은 것은 그 때문이다.

그렇다고 예술 세계만 그런 것은 아니다. 학문의 세계에 있는 사람 역시, 또 고용인의 처지에서 탈출하려고 시도하는 사람 역시, 지금까지의 자신을 버리고 다른 삶을 지향하지 않고는 목표에 도달할 수 없겠다고 판단한 자 역시 어떻게든 술을 끊어야 한다. 즐기는 정도로 하자거나, 술과 공존을 꾀하려거나, 술을 이겨 내지 못할 내가 아니라고 오기를 부리는 마음이 조금이라도 있거나 하다면, 당신의 진정한 시도도 원대한 계획도 실패로 끝날 것이다. 술을 끊지 않고 뭘 한다는 것은 미처 시작도 하기 전에 이미 좌절이 예비되어 있는 행위이다.

그 허무한 좌절감 때문에 주량이 한층 늘어날 수도 있다. 중요한 목적을 달성하기 위해 중요한 결단을 내리려 할 때에는, 그 전에 금주에 성공할 수 있는지를 먼저 시험해야 할 것이다. 금주에 실패한다면 무슨 일을 하든, 어떻게 분발해 본들 소용이 없을 것이다. 그뿐만 아니라 현재보다 더 나쁜 상황으로 추락해 두 번 다시 기어오를 수 없는 인생으로 내몰릴 수도 있다.

알코올을 섭취할 때마다 뇌세포는 죽어 간다. 한 번 죽은 뇌세포는 어지간한 일이 없는 이상 재생되지 않는다고 한다. 따라서 예술가나 학자뿐만 아니라, 운동선수에게도 음주 습관은 치명적이다. 누구와 누구라고 굳이 밝히지는 않겠지만, 메이저리거로 이름을 날렸던 유명한 일본인 선수 두 명 중 한쪽은 술고래요, 한쪽은 절주가라는 큰 차이로 인해 결국 명암이 확실하게 갈린 예가 있다. 한쪽은 술 때문에 몸이 망가져 현역에서 떠날 수밖에 없었고, 한쪽은 지금도 현역으로 펄펄 날고 있다. 게다가 해마다 자신이 세운 기록을 스스로 갱신하고 있어, 은퇴하는 날조차 예상할 수 없으리만큼 맹활약을 펼치고 있다.

당신 멋대로 단정했는지도 모르고 그래야 마음이 편했는지도 모르겠으나, 실제의 당신은 직장인이 될 수밖에 없을 만큼 무능한 자가 아니었다. 아니었다, 절대 아니었다. 그저 주위 분위기에 휩쓸려, 세상의 파도에 떠밀려, 학력으로 취직하는 길이 아닌 다른 것은 생각할 수 없는 환경에 놓여 그랬을 뿐이다.

사실은 취직을 결정한 시점에 차분하게 세상과 자신을 충분히 바라보고 인생에서 무엇이 가장 중요한지와 자유의 기준을 어디에 둘지를 정하기만 했다면, 그렇게 늘 무표정한 얼굴로 지내야 하는 일은, 그렇게 술에 취해 밤거리를 헤매야 하는 일은 없었을 것이다.

애당초 갖고 있었던 자립한 젊음과 능력을 시간을 두고 천천히 말살한 것은 바로 직장인이라는 신분 자체이다. 술과 손을 맞잡고, 아니 술에 속으면서 명령에 따라 움직이고 주위와 보조를 맞추며 적당히 일하는 생활에 길들고, 자신의 일상 전체를 직장의 사정에 따라 결정하는 생활에 길들다 보니, 노예의 처지에 몸도 마음도 젖어 무능력한 인간으로 전락한 것이다. 즉 혼자서는 아무것도 할 수 없고 결정할 수도 없는 뒤틀린 인간으로 변한 것이다.

술이 온 세상 구석구석까지 침투한 탓에 술은 문화라는 그럴 법한 인식이 굳어지고 있다. 마치 술 없이는 인간 사회가 성립되지 않는 것처럼 말하는 통에 죄책감이 파고들 여지가 적어졌다. 하지만 술이야말로 심각한 문제를 초래하는 끔찍한 원흉인지도 모른다. 어쩌면 세상이 여전히 올바른 방향으로 나아가지 않고, 변함없이 본능이 지배하는 낮은 수준에서 제자리걸음만 하면서 더 높은 단계로 나아가지 못하는 것은 술을 마시는 풍조 때문이 아닐까 하고 자주 생각한다.

스트레스를 해소해 주고 만남의 자리를 부드럽게 하고 마음을 열게 하는 술의 효과는 절대적이다. 그 점은 인정해야 할 것이다. 하지만 예민해진 감정을 진정시켜 주는 동시에 정의에 찬 분노와 정당한 저항마저 억제한다는 사실도 잊지 말아야 할 것이다. 술 앞에 걸음을 멈춘 세상은 영원한 평화라는 이상 중의 이상, 그리고 비원 중의 비원을 실현하기 위한 끈질긴 의욕을 상실하지는 않았을까. 아무리 중요한 문제라도 귀찮은 것은 피하고 싶어 하고, 합당한 해답을 얻지 못하더라도 술만 있으면 된다는 안이한 정신에서 벗어나지 못하는 한, 인류의 반복되는 비극의 고리는 끊을 수 없지 않을까.

**5장**

---

당신을 구제할 힘은
처음부터 당신에게 있었다

끽연과 음주를 능가하는 강력함으로 당신의 젊음을 죽이는 적이 있다. 도박이다. 파친코나 경정, 경마, 경륜 등 합법적인 도박 외에도 마작, 룰렛, 화투 등 각종 내기 형태의 비합법적인 행위까지 종류도 다양하다. 이 도박의 의존성은 끔찍하기 이를 데 없다. 당사자의 인생을 갈가리 찢어 놓을 뿐만 아니라 처자식의 인생까지 뒤틀어, 가족 전체가 나락으로 추락한 예가 흔하다. 일본에는 2백만 명에 달하는 도박 중독증자가 있다고 하는데, 이는 통계상의 수치이니 실제로는 한층 더 많을 것이다.

도박 따위는 돈에 여유가 있는 인종들이 우아한 생활에 변화를 주고 더한 자극을 얻기 위해 하는 어리석은 놀이라고 생각하는 경향도 물론 있지만, 실제로는 그 반대이다. 가난하고 일자리도 없어, 내일을 어떻게 살아갈지 갈팡질팡하는 사람들이 도박에 빠지는 경우가 압도적으로 많다. 직장인의 비율도 상당히 높다. 가난한 사람은 인생 역전이라는 한탕을 기대하면서 손을 대고, 직장인은 정해진 수입으로 견뎌 내기 어려운 생활에 지쳐 손을 대는 것이 보통이다.

남자는 눈앞에 있는 암흑인지 빛인지 모를 어떤 것에 매력을 느끼는 속마음 즉, '위험을 지향하는' 도박성을 은밀하게 가지고 있음을 부정할 수 없다. 그것은 아마

수렵 시대의 잔재일 것이다. 사냥감을 잡을 수 있을지 놓치고 말지 전혀 예측할 수 없는, 자칫 잘못하면 역습을 당해 목숨을 잃을 수도 있는, 그렇게 조마조마하게 생활하던 시절의 피가 지금도 흐르고 있기 때문일 것이다.

그런 의미에서 보면 농경 시대에 이르러 어느 정도 안정되어 미래를 예측하게 되면서부터 사람은 야생동물로서의 광휘를 잃었다고 할 수 있다. 타락이 시작되어, 수렵 본능을 왜곡된 형태로 만족시킬 수밖에 없었다. 그래서 전쟁이라는 인류 최대의 어리석은 짓을 벌이게 되었는지도 모르겠다.


## 복권은 국가로 향해야 할 분노를
## 원천 봉쇄한다

당신에게 안정과 안락의 사상을 불어넣은 것은 부모이며 학교 교육이며 사회이다. 국가이며 문명이다. 그것들은 보란 듯이 세뇌에 성공해서, 소수 부유한 지배층과 그들의 신분과 지위를 떠받들고 있는 무수한 서민이라는 불합리하기 그지없는 구조를 단단히 정착시켰다. 지배층이 남몰래 두려워하는 것은 그 무수한 서민의 불만이 결정적으로 폭발하는 사태다. 자신들에게 절대적으로 유리한 세상의 구조를 송두리째 뒤집어 버리는 폭력 사태가 두통의 씨앗일 것이다.

민주국가라는 체면을 생각하면 불과 얼마 전까지 횡행했던 고압적이고, 체제의 개선조차 염두에 없는 노골적인 폭력을 구사해서 강압적으로 탄압하는 수단은 선택할 수 없다. 국가를 통치하는 자들이 국민의 분노가 팽배해지지 않도록 언제나 세심한 배려를 하는 이유다. 그들의 직속 부하이자 심부름꾼이고 시종인 관리들은 주인의 뜻을 헤아려 온갖 교활한 수단으로 '이 국가는 여러분 한 명 한 명의 나라입니다' 하는 의식을 심어 주기에 혈안이 된다. 예를 들어 어용 문화인에게는 더 큰 당근을 쥐어 주고 지위와 명예도 하사하여 그들이, 이 체제를 유지하면 더 찬란한 번영이 있고 이상적인 국가에 접근할 수 있으리라는 환상을 뿌리게 한다. 가상 적국의 경이로운 발전을 유독 강조하면서 불안감을 부추겨 국민이 스스로 결속을 다지도록 획책한다.

그러나 그 정도는 금방 속내가 드러난다. 그래서 한편으로는 분노의 돌파구 역할을 하도록 반체제파의 엉터리 문화인을 용인하면서 공정함을 가장한다. 양식적인 사회파를 자처하는 그들은 각종 미디어에 등장해 마음에도 없고 해도 그만 안 해도 그만인 코멘트를 날리면서 얼굴과 이름을 팔아 돈을 번다. 마지막에는 체제파로 돌아서거나 체제파에 영입되어 삐딱한 한 마리 주구로 이리저리 눈치를 보면서 어정쩡한 인생을 마감한다.

또 노력한 이상의 높은 지위와 풍족한 생활을 만끽하고 있는 지배층은 국민의 분노가 자신들을 향하지 않도록, 그리고 최종적으로는 그것을 해소하기 위해 고삐를 늦추는가 하면 때로 분출구를 마련해 놓기도 한다. 술과 마찬가지로 도박 또한 그 유효한 수단 중 하나이다. 합법적인 도박 외에 복권이 특히 그런 것이다.

'지금은 비참하게 생활하고 있지만, 당신에게도 일확천금을 줄 기회가 있습니다. 그러니 짜증 부리지 말고 참고 견디세요. 그러다 보면 언젠가 좋은 날이 있을 겁니다.' 악랄하게 그런 환상을 펼쳐 보이면서, 확률을 따지면 한없이 제로에 가까운 행운을 기대하게 하고 공허하기 짝이 없는 꿈을 좇게 한다. 그렇게 해서 노예의 처지에 이의를 제기하고 반란으로 발전할 가능성을 아예 봉쇄하고 마는 것이다.

그러나 아무리 달콤한 껍질로 포장해도 도박은 도박이다. 가령 이겼다 해도 정당한 노동으로 번 수입과는 하늘과 땅만큼의 차이가 있다. 그것은 타락의 대가이며 불과 몇 초 동안의 결단과 몇 분 동안의 포기와 방관으로 굴러들어 온 거금이다. 잘하면 퇴직금의 몇백 배에도 달하는 그런 거액을 당신은 피땀 흘려 일한 노동의 대가로 받은 월급이나 연봉과 정확하게 구별할 수 있겠는가. 그 현저한 차이를 올바르게 인식할 수 있겠는가.

처음 한 번은 몰라도, 두 번 세 번 그런 흥분을 계속 추구하다 보면 일한 만큼 벌 수 있는 것이 돈이라는, 돈의 진정한 가치와 진리를 유지할 수 없게 된다. 1등 복권에 당첨된 자 대부분이 비참하게 뒤틀린 인생을 보냈다는 사실을 알고 있는가. 도박에서 계속 이긴 덕분에 풍족한 생활을 누리게 되었다는 사람의 얘기를 들어 본 적이 있는가.

어떤 도박에든 적용되는 한 가지 절대 원칙이 있다. 도박은 최종적으로는 몸통만이 돈을 버는 구조라는 점이다. 그리고 어쩌다 돈벼락을 맞은 자는 일희일비를 거듭하다가 결국 파탄과 파멸의 길을 걷게 된다는 변함없는 결말이다. 돈이 돈으로 느껴지지 않고, 정당한 노동이 우습게 여겨지고, 빚의 무서움에 둔해지기까지 그렇게 오랜 시간이 걸리지는 않는다.

더욱 심각한 문제는 도박 때문에 비정상적인 흥분에 지속적으로 노출된 정신이 타격을 받아 넝마가 되는 것이다. 마음은 물론이요 영혼까지 불타오르는 듯이 도박에 도취되어, 마약의 효과처럼 손쉽게 만끽할 수 있는 감격에 일말의 의심도 하지 못한다. 이것이야말로 살아 있는 증거라고 확신한다. 머릿속에는 온통 그 생각밖에 없고, 다른 것에는 관심을 잃는다. 모 아니면 도라는 단순한 자극에 중독되고, 도파민의 과도한 방출이 습관이 되어 그것 없이는 살아 있다고 실감하지 못한다. 차분하고 소박했던 지난 생활을 죽은 자의 삶이나 마찬가지였다고 생각하게 된다.

  결론부터 말하자면, 당신은 악랄한 목적을 지닌 무자비한 자들 손에 걸려들어 그들의 봉이 된 것이다. 도박판을 주최한 측의 계략에 말려 인생을 날린 것이다. 나아가 국가를 말아먹다 못해 사유화하려는 패거리들에게 바보 취급을 당한 것이다. 도박에 중독된 당신에게는 이미 그런 패거리들에게 덤벼들 분노조차 없다. 기껏해야 자기 생애의 막을 제 손으로 내릴 여력밖에 남아 있지 않을 것이다. 유서조차 남길 마음이 없는 당신의 자발적인 죽음으로 안도의 한숨을 내쉴 친족은 있을지 모르나, 당신을 위해 눈물을 흘리는 자는 한 명도 없을 것이다.

## 안정만큼 지루한 것도 없다

 당신은 손쉽게 얻을 수 있는 순간적인 흥분에 자립한 젊음을 희생시키고 말았다. 자신의 인생을 적당히 여기고, 안이하게 노예의 신분을 선택한 것에서 비롯된 결과다. 몇십 년 동안 계속된 답답한 안정이 자각을 점차 흐리게 한 탓에 자신이 정말 살아 있는지조차 의심하지 못한 결과다. 타인이 강요하는 일에는 아무런 감격도 흥분도 없으며, 있어 봐야 잠시일 뿐이다. 그것도 사람의 이목 따위는 아랑곳하지 않고 환성을 지를 만큼의 감동으로는 이어지지 않는다. 그리고 아무리 애써 봐야 지갑이 두둑해지는 일은 절대 없다는 사실을 알아챘지만 그 역시 방향을 잘못 잡은 결과이다.

 당신이 만약 수입 면에서는 직장인보다 못하지만 충만감에서는 훨씬 월등하고 전적으로 자기 책임하에 일할 수 있는 자영업을 선택했다면, 인격은 물론 영혼까지 파먹는 도박 따위는 절대 돌아보지 않았을 것이다. 요행과 직감에 의지하는 면이 크다는 점에서는 자영업 역시 도박과 비슷할지 모르겠다. 하지만 큰 차이는 당신의 재능과 노력이 그대로 결과에 반영된다는 엄연한 사실이다.

 그 사실이야말로 당신을 충실한 미래로 이끄는 건전

한 흥분이며, 삶의 궁극적인 목적이 될 수 있는 흥분일 것이다. 가령 불행하게 실패의 쓴맛을 보았다 해도, 그렇게 얻은 흥분은 절대 일회성이 아니다. 몇 번이든 재기할 수 있는 인내로 직결되어 알게 모르게 당신의 내면에서 젊음을 키우고 있을 것이다.

직장인이라는 신분은 그날그날의 자신을 속이고 넘어가야 하기 때문에 기분 전환할 거리를 지나치게 필요로 한다. 그렇게 하루하루를 넘기며 구질구질하게 살다 보면 조촐한 즐거움을 추구하는 것이 진정한 행복인 양 착각하게 되고, 소소한 계기가 삶의 모든 보람으로 바뀌게 되는 일조차 있다. 본말이 전도되었다는 것은 바로 이런 때를 두고 하는 말이다.

하루 24시간 중에 가장 중요한 8시간을 온전히 바치지 않을 수 없을 만큼 설레는 일이라면, 다른 자극은 절대 필요하지 않다. 그 일이 한없이 깊고 새로운 것을 계속 발견하게 하며 오르지 못한 높은 산이 아직도 많이 남아 있음을 깨우쳐 준다면, 손대지 않은 광맥이 무한히 펼쳐져 있는 것 같은 흥분을 준다면 기분 전환이나 속풀이 등은 전혀 필요하지 않다.

일 전체가 자신의 재능과 능력에 달려 있고, 또 그 일이 영원히 답파할 수 없으리만큼 심원한 것이라면 스트레스가 쌓일 틈이 없다. 불평과 변명을 쉴 새 없이 늘어놓지 않아도, 한눈을 팔지 않아도, 마음껏 골프를 즐길 수 있는 신분을 동경하지 않아도, 어떻게 하면 술을 마실 수 있을지 그 방법을 고민하지 않아도, 출세를 겨루는 동기생의 실패를 은근히 바라지 않아도, 정년 후의 생활을 걱정하며 한숨을 쉬지 않아도, 경제적으로 풍족하지 않은 신분이어도 늘 약동감과 충만감을 느끼며 살 수 있다. 야생동물에 필적하는 광휘와 생기와 집념으로 인생을 젊게 살 수 있다.

그렇다고 그런 일과 쉬 만날 수 있는 것은 아니다. 또 눈앞에 널려 있는 그런 일의 너무도 복잡함에 그만 현기증이 일어 한 번 보고서는 자신은 들어갈 수 없는 세계이고 적합하지도 않다고 성급한 결론을 내린 나머지, 번번이 좋은 기회를 놓치는 실수를 계속하다가 그만 한정된 시간을 넘기고 만다. 그러다 가장 무난하겠다 싶은, 이 정도면 그럭저럭할 수 있겠다 싶은 일을 정하고, 별 어려움 없이 그 일을 시작하고 나면 길어야 몇 년 못 가서 그 직장에 의해 젊음은 말살당하고, 동료라는 이름의 망령과 함께 주검의 길을 걷는 꼴이 되고 만다.

만난 순간 그 일에 매력을 느꼈지만 처음에는 접근하는 것조차 어렵게 여겨진 탓에 세상이란 돌고 도는 법, 느긋하게 시간을 두고 경험을 쌓다 보면 언젠가는 어떻게 될 것이라는 확신을 품고 뛰어드는 사람은 거의 없다. 어쩌다 그런 사람이 있다 해도, 그들이 디딤돌로 삼은 것이 허접한 선망인 탓에 어느 수준에 도달하면 더는 아등바등 파고들지 않아 매너리즘에 빠지고 권태를 느낀다. 그렇다 보니 일이 아닌 곳에서 건전하지 못한 흥분을 추구하게 되고, 결국 직장인의 심경으로 추락하는 예가 결코 드물지 않다. 그들에게 부족한 것은 재능이 아니라 실은 자립이다. 그 정신 없이는 자영업의 길을 걸을 수 없고 진정한 젊음도 유지할 수 없다.

평범하고 천박한 가치관에 물든 부모의 맹목적인 사랑과 일반적인 지식과 겉만 번지르르한 상식만 가르치는 학교 교육, 무사안일주의로 일관하는 직장. 그런 것들로 인해 의존과 예속이 몸에 밴 당신이 과연 희망에 찬 인생을 되찾을 수 있겠는가. 그 희멀게진 눈에, 의심과 자신감 상실이 박힌 얼굴에, 우유부단과 불안의 벽에 갇힌 마음에, 진정한 젊음의 광휘가 돌아올 날이 과연 있겠는가. 당신은 진정 순조롭게 출세해 소위 승자의 무리에 속한 지금의 자신에 만족해도 좋은 것인가. 타인의 평가와 시선을 의식하지 않고서도 진심으로 그 승리를 기뻐하고 있는가. 실제로는 표면적인 승리일 뿐, 실은 잃은 것이 더 많아 오히려 그 승리가 당신의 젊음을 죽이고 있지는 않은가.

그런 의심이 든다면 거울을 쳐다보면서 당신의 얼굴을, 눈빛을 유심히 관찰해 보기 바란다. 야생동물의 얼굴과 눈빛인가. 하물며 참새와 꿀벌과 개미도 생기에 차 있는데, 그런 생기와 무관한 생애를 산다는 말인가. 인간이란 추억이라는 즐거움에 젖기 위해 애써 추억을 만들며, 그렇게 사는 인생을 조금도 슬퍼하지 않는 소극적인 생물이라는 말인가. 중·장년층이라면 몰라도, 아직은 폭발적인 젊음을 누려야 하는 청년층까지 하나같이 과거로 눈을 돌리고 나약한 치유에 젖어들려 하는 것은 어째서인가. 치유를 위한 치유, 감동을 위한 감동을 밤낮으로 추구하고, 돈을 내면서까지 거짓 치유와 엉터리 감동을 얻으려 애쓰는 자신에게 조금도 의문을 품지 않는 이유는 무엇인가.

## 인터넷 세계는 살 곳이 못 된다

육체적인 노화라는 말로 당신의 인생을 묶어 놓지 않기를 바란다. 아무리 늙었어도 자립한 젊음을 유지하고 있는 자는 아우라라 불릴 정도의 무언가를 조금은 발하는 법이다. 오직 자신만을 믿고 명확하면서도 커다란 목적의식을 지니고 그 일에 정열을 쏟아 온 자에게는 부드러운 정신의 중심에 불합리함을 거부하는 기백과 패기가 넘실거린다는 것을 느낄 수 있을 것이다. 그렇게 되는 것이 값진 생명이다. 그렇게 되는 것이 인간으로 사는 삶의 가치이다.

연령적인 젊음이라는 말로 당신 스스로를 예찬하지 않기를 바란다. 청춘 시절과 청년기 한가운데에 있는 당신도 자립이라는 의미에 비추어 보면 이미 늙어 버렸다. 난해한 세계에는 도전하려 들지 않고, 변명과 구실로 그 길을 피하고, 노인처럼 손쉬운 즐거움에 희희낙락하는 것만 생각하고, 유아 시절의 취미에 빠지고, 그 옛날의 소녀 같은 연애를 꿈꾸고, 언제까지나 부모 슬하를 떠나지 않으면서 유유자적한 나날을 보내고 있는 당신. 조금이라도 상처 입는 것이 두려워 이런 자신을 자각하게 할 만한 일에는 접근하려 하지 않는다. 타인과의 접촉을 꺼리고, 나르시시즘의 울타리 안에 자신을 가둔다.

격론을 벌이는 곳은 자신의 얼굴을 상대에게 보이지 않아도 좋은 인터넷상으로 한정한다. 비방과 중상에 몰두하고 자신을 포장하는 것에만 열중한다. 아무리 오래해 봐야 그런 비정상적인 생활로는 진실도 진리도 얻지 못한다. 끝내는 자신조차 똑바로 쳐다보지 못하고 이해도 할 수 없어 망상과 환상에 빠져서는 친구도 애인도 없는 병적인 존재로 전락한다.

컴퓨터의 세계는 어차피 현실과 유사한 가상현실일 뿐 현실 자체가 아니다. 현실의 표면을 보여 주는 정보의 바다일 수는 있지만, 거기에서 얻은 지식은 무엇 하나 당신이 몸과 경험을 통해 얻은 것이 아니다. 그런 유사 지식은 현실 사회에 몸을 던지고 섞여 들어 충분히 활용되고 경험의 기폭제가 될 수 있어야 비로소 진정한 의미의 정보가 되는 것이다. 타자에게서 힘 안 들이고 얻어 온 정보의 해수욕장에서 기분 좋게 헤엄치는 그 유치한 놀이가 모든 것인 양 생활하는 자는 실생활을 하고 있다고 할 수 없다. 그런 당신은 이 세상을 사는 자가 아니다.

자기 방이라는 안전한 동굴에 박혀서 컴퓨터라는 망원경으로 바깥세상을 바라만 본들, 또 당신의 지론을 제아무리 펼쳐 본들, 그것은 연애소설 속에서만 연애를 할 수 있는 자가 실제의 연애에 대해 말하는 것이나 다름없는 짓이다. 어차피 알맹이 없는 허언에 지나지 않으며 시간 낭비에 불과하다. 당신은 당신의 귀와 눈으로, 아니 오감 전체를 써서 방 밖에 무한히 펼쳐져 있는 실제 사회에서 살아 있는 정보를 얻어 와야 한다. 그 정보는 인터넷에서 간단히 모을 수 있는, 깔끔하게 체계를 갖춘 정보에 비하면 너무도 소박하고 너무도 자극하는 바가 없어 밋밋하게 느껴질 수도 있다. 또는 너무도 생생해서 혐오감을 느낀 나머지 피하고 싶을지 모른다.

그러나 그것이야말로 말 그대로 산 정보이다. 산 정보를 하나하나 수집하는 실생활을 하지 않는 한, 당신에게 미래는 없다. 살아 있으나 죽은 자의 길을 걸어야 하고, 왜곡된 애정으로 당신에게 밥을 먹여 주었던 부모가 죽는 동시에 당신의 인생도 종언을 고하게 될 것이다.

당신이 추구하고 찾는 것은 현실의 거친 파도를 피하기 위한 매뉴얼과, 현실 속의 감동과 동전의 양면인 공포로부터 도피하기 위한 가상의 것에 지나지 않는다. 어엿한 야생동물의 일원이면서 겨우 그 두 가지로 이 약육강식의 세상을 헤쳐 나갈 수 있을 리가 없다. 그렇게 단순한 원리마저 이해하지 못할 정도로 당신은 자립한 젊음을 잃은 것이다.

노력도 하지 않거니와 도전도 하지 않은 채 인터넷의 세계에 안주해서는 온 세상을 다 알고 있는 양 착각에 빠져 있는 당신, 화면 속의 같은 무리에게서만 안도감을 느낄 수 있는 당신은 산 자의 무리에서 완전히 떨어져 나오고 말았다.

그런 당신은 아직도 진짜 세상을 모른다. 타인은커

녕 육친과 가까운 지인들은 물론 자신에 대해서도 모를뿐더러 알려 하지도 않는다. 거짓 자각과 거짓 감동 밖에 얻을 수 없다. 마음은 점차 막다른 골목에 몰리고 가로막은 현실의 벽에 옴짝달싹하지 못한다. 착각에 불과했던 드높은 자존심과 자부심 사이에 끼여 이러지도 저러지도 못한다.

그러다 어느 날 갑자기, 피해망상으로 똘똘 뭉치다 못해 폭발의 충동에 사로잡힌 나머지 세상을 향해 근거 없는 공격의 칼날을 휘두른다. 거의 발작적으로, 무의미하기에 더욱 처참한 사건을 일으켜 지금까지 자신이 무시해 온 사회가 억지로 자신을 향하게 한다. 사회로부터 멸시와 두려움의 주목을 받고서도 자기 과시욕에 도취되고 만다. 그러나 그것도 한순간, 현실은 그를 가혹하게 재단해 버린다. 어쩌면 인간답게 살 수도 있었을 모처럼의 인생이 인간의 탈을 쓴 괴물의 삶으로 변해 종국에는 교수대의 이슬로 사라지는 것이다.

예를 들자면 자동차 여행과 도보 여행 정도의 차이가 있을 것이다. 자동차를 타면 상당한 거리를 편하게 이동할 수 있지만, 그 여행에서 얻을 수 있는 정부는 잇달아 밀려왔다가는 바로 스치고 지나갈 뿐이다. 한 가지도 머물지 않는다. 천천히 감상하고 정밀하게 조사할 틈도 없이, 방대한 정보뿐 아니라 목적지에 도착하기까지 반드시 얻어야 하는 귀중한 정보까지 전부 스쳐 지나가 버린다. 소위 유명하다는 관광지에서만 차에서 내려 구경을 해 보지만, 가이드북이나 그림엽서를 손에 쥔 정도의 얕은 감격밖에 느끼지 못하고, 장거리를 이동한 것치고는 경험과 체험과는 거리가 먼 허접한 여행이 되고 만다.

또 쾌적한 드라이브를 계속하다 보면 엔진의 힘을 자신의 힘으로 착각하기도 한다. 단순히 기계를 조작하고 있을 뿐인데, 기계의 성능이 마치 자신의 능력인 양 착각하는 것이다. 그러다 몸이 노인처럼 둔해져 자신의 발로는 한 걸음도 걷지 못하는 자가 되고 만다. 그와 마찬가지로 인터넷 세계에만 몰두하는 자는 컴퓨터가 지닌 능력을 자신의 능력으로 오해하고 자력으로는 무엇 하나 정보를 얻지 못하는, 유아보다 못한 인식 수준밖에 없는 자로 후퇴하는 것이다.

그러나 도보 여행을 계속하는 한, 절대 그런 일은 벌어지지 않는다. 굳이 여행을 하지 않더라도 집 근처를 한 시간쯤 걷는 것처럼 자신의 두 발로 이동을 계속하면, 해외여행에서 얻는 감동의 몇 배, 몇십 배를 느낄 수 있다. 아무리 사소한 정보도 몸 구석구석에 분명하게 새겨지고, 그것은 유연한 사고를 배양하는 귀중한 영양소가 된다. 또 당신을 자립으로 이끄는 원동력이 되어 젊음과 생의 충만감을 부활시킨다. 태어나기를 잘했다는 만족스러운 인생으로 안내한다.

간단하고 편리하고 손쉽게 얻은 것치고 내 안에 단단히 뿌리 내리는 것은 없다. 문명사회가 인간에게서 빼앗은 능력은 이루 헤아릴 수 없이 많다. 인간은 편리한 소비 생활에 휘둘리다 야생동물로서의 광휘를 잃었고, 표정도 퉁명스럽고 무뚝뚝하게 굳어지고 말았다. 진정한 행복이 어디 있는지를 규명하지 않게 되었고, 배금주의에 놀아나 생명까지 메말라 버렸다. 인간의 장구한 역사는 단순히 불행의 숫자만 부풀리고 비극을 확대하기 위한 노력이며 고생이었다는 말인가.

하루 종일 컴퓨터 앞을 떠나지 못하면서 컴퓨터 속의 세계를 전부라고 아는 지극히 단순한 생활을 떨쳐 버리지 못하는 당신은 상당히 위험한 중독 상태에 있다. 산 사람으로서 옳지 못한 방향으로 크게 기울었다. 컴퓨터 화면을 쳐다보는 당신의 눈은 천천히, 그러나 확실하게 광기로 물들어 간다. 그러다 현실 속의 무수한 정보 역시 여차하면 손가락 놀림 한 번으로 소거할 수 있지 않을까 하는 생각에 미쳐 급기야 발작적으로 폭발하게 된다.

비상사태는 이미 코앞까지 와 있다. 머지않아 당신은 답답한 현실에 에워싸여 꼼짝도 할 수 없게 될 것이다. 그리고 자신의 내면에서 스스로를 소거해 버리면 되지 않겠느냐는 성급한 광기를 불러일으킬 것이다.

학생이나 젊은이들이 이해 불가능한 사건을 터뜨릴 때마다 관계자들은 생명은 존엄하다는 말을 비장의 카드처럼 꺼내든다. 집회의 시작과 끝을 그 말로 장식하고는 하지만, 근본 원인을 탐구해 대처 방법을 강구하지 않은 채, 상투적인 말 한마디로 사태를 유야무야하려 해 봐야 무슨 소용이 있겠는가.

무구한 마음에 굳이 상처를 주는 일은 지양해야 하느니, 지금은 이념과 꿈을 심어 주어야 할 시기라느니, 공연히 들쑤셔 더 나쁜 결과를 초래할 수도 있다느니 하는, 언뜻 듣기에 친절과 배려가 넘치는 말로 아이들을 최대한 현실에서 멀리 떨어뜨려 놓으려는 어른들의 술책 때문에 오히려 사태가 악화되는 것은 아닐까. 매스컴과 교과서는 지금도 여전히 겉치장한 이념을 가르치고 있다. 잔인한 범죄와 전쟁을 전할 때에도 중요한 핵심 부분은 가린 채 두 번 다시 이런 일이 벌어지지 않도록 노력해야 한다는 식의 입에 발린 소리로, 형식적이고 무책임하기 짝이 없는 포기의 말로 마무리하고 끝내려 한다.

자기 방에 틀어박혀 컴퓨터와 게임에 영혼까지 송두리째 빼앗길 정도로 몰두하고, 휴대전화를 통하지 않고는 타자와 의사소통도 하지 못하는 아이들은 대학을 졸업하고서도, 스무 살이 훨씬 넘어서도 이 세상을 구성하는 현실이 무엇인지를 모른다. 아니 알아도 그저 지식으로밖에 여기지 않는다. 그 사이에 점진적으로 그들의 머리와 마음을 지배하는 것은, 어쩌면 인생도 이 연장이 아닐까 하는 안이한 사고이며, 싫어하는 일은 피하면서 살 수 있지 않을까 하는 부질없는 기대이다. 그러다 취직이라는 형태로 불쑥 현실에 부딪히게 되는 것이다. 마찰과 충돌의 연속인 냉혹한 현실 사회로 내던져지는 것이다.

어른들로서는 어느 정도 나이가 되면 절로 터득하는 성행위처럼 때가 되면 아이들이 자연스럽게 세상의 명암을 알게 되고, 이후 세상의 거친 풍파를 이겨 내면서 점차 이해하게 되리라 기대한다. 고뇌를 겪다 보면 정신도 단련이 되어 자신들과 같은 어엿한 사회인이 되겠거니 생각하는 것이다. 이런 마음으로 제자의 새 출발을 축복하고, 부모들은 또 어깨에서 무거운 짐을 내린다.

그러나 실제로 그렇게 바람직하게 전개되는 경우는 많지 않다. 취직을 해서 사회의 일원이 되고 말고 하기도 전에, 자신의 힘으로 자활의 길을 걸으려 하기도 전에, 첫 일격을 당하기도 전에, 그들은 지금까지 부모의 비호를 받으면서 누렸던 거짓 자유의 대부분을 빼앗기는 것은 아닐까 하는 두려움에 몸을 휙 돌려 원래의 둥지에 숨어들어서는 두 번 다시 나오지 않는다. 그때가 되어서야 부모들은 자식에게 쏟은 맹목적인 사랑의 악영향을 깨닫지만, 때는 이미 늦어 어떻게 손을 써 볼 수도 없는 지경에 이르러 있다.


## 영웅을 응원하기 전에
## 자신을 응원해라

부모에게는 그런 자식을 한탄할 자격이 없다. 경제적인 번영과 노예 의식도 없이 직장에 안주해, 먹고 마시고 싶은 대로 하면서 자식에게 내세울 만한 삶을 살아오지 않았기 때문이다. 자신은 부모로서 최대한 애썼다고 목청을 돋우어 봐야 무엇보다 술에 찌든 얼굴이 그렇지 않다는 사실을 자명하게 말해 줄 뿐이다.

대부분의 부모는 어떻게든 먹고살 수 있는, 인류 역사에 그 예가 없는 편한 시대를 살아왔기 때문에 단 한 번도 무언가에 진지하게 도전해 본 적이 없다. 하느냐 마느냐 하는 결단의 벼랑 끝에 몰린 일도 없이 얼간이가 되기 위해 살았다고밖에 할 수 없는 몇십 년을 지나

온 것에 불과하다. 그들이 염두에 둔 두 가지는, 몸담고 있는 조직이나 집단에서 소외되거나 쫓겨나지 않는 것과 직장 내에서 자신의 미래를 고스란히 맡겨도 좋을 만한 강자를 찾아 그 상대에게 과도하게 예속되는 것이었다. 그렇게 너무도 원시적이고 자학적이며 형편없는 처세술에 기대어 왔으면서도 열심히 했노라 자랑스럽게 떠드는 것이다. 겨우 그 정도 인생을 살아온 부모의 자식이 제대로 자라날 리가 없다. 자립의 젊음을 체득한 어른이 될 리가 없다.

그런 부모에게 자식이 배운 것은 오직 한 가지, 굴종의 정신이다. 그러니 강한 누군가에게 매달려 묻어가는 길밖에 찾지 못하는 것은 당연하다. 한때는 부모가 그런 강자였다. 그러나 부모가 포기한 탓에 버림받았다는 것을 아는 단계에서 자식은 또 다른 강자를 찾아 나선다. 그러지 않고는 견딜 수가 없는 것이다.

하지만 자기 방에 틀어박혀서는 그런 인물을 만날 수 없다. 그래서 허구의 세계에서 강자를 추구하는 것이다. 현실은 싹 무시한 채, 화면과 활자를 통하지 않고는 성립되지 않는 영웅이며 환영에 불과한 강자를, 몇 시간 동안 대활약을 보여 주는 모험영화의 주인공을, 격투기 챔피언을, 유치한 소설에 등장하는 단순명쾌한 영웅을, 만화영화 속 초인들의 미니어처를 신봉한다.

그 가공의 존재가 마치 실제로 존재하는 것처럼 받들고, 그들에게 자신의 인생을 송두리째 내맡겨, 비뚤어진 정신의 균형을 근근이 유지해 나간다.

현실은 별거 아니다. 아무 재미없는 현실은 그냥 내버려 두면 된다. 그렇게 골치 아픈 세상일에 일일이 관여하고 신경 쓰면서 나이를 먹어 가다니, 딱 질색이다. 내게는 이쪽 세계가 현실이고 집 밖에 펼쳐진 세계가 허구다. 빠져들고 모으고 열렬한 팬이 되어 이 영웅들에게 지속적으로 도움을 청하기만 하면 그 어떤 난관도 고생도 이겨 낼 수 있다.

만약 그런 확신과 결의에 차 있다면 당신의 자멸과 파멸은 시간문제가 될 것이다. 당신의 영웅은 당신에게 비현실적인 용기는 줄지언정, 절대 그 이상은 주지 못한다. 게다가 환상의 영웅들은 알게 모르게 당신의 마음을 좀먹고, 상식의 척도를 흔들어 놓고, 정신을 불건전하고 기괴하게 만들어 놓는다. 즉 당신을 현실 세계에 적합하지 않는 존재로 만들어 허공에 뜬 도취감에 젖게 해 놓았다가는 느닷없이 현실이라는 지상에 내동댕이치고 만다.

허구의 영웅이 아니라 스포츠 세계에서 영웅을 추구하는 당신 역시 처량하고 위험한 존재임은 다르지 않다. 당신이 열심히, 실제로는 당신과 아무 관련 없는 타인을 도피의 대상으로 삼기 위해 때로 인생까지 던져 가며 미친 듯이 응원하는 모습은 실로 기괴하다. 스스로는 조금도 이상하다고 여기지 못할 만큼 빠져 있겠지만, 그 행위는 사실 스스로 자신의 인생을 전적으로 부정하는 것이나 마찬가지다. 당신의 인생은 대체 어디로 가고 말았는가. 자신의 존재 의의를 고스란히 타인에게 맡기고 스스로를 말살할 작정인가.

응원의 정도를 넘어 완전히 일탈하고 만 당신은 아무튼 한시 빨리 자신의 인생으로 되돌아와야 한다. 영웅들의 주변을 어슬렁거리면서 거짓 감동에 취해 울고 웃고 있을 때가 아니다. 그런 짓은 아무리 해 봐야 당신의 인생에 아무런 도움이 되지 않는다. 도움은커녕 점점 더 시들어 가게 할 뿐이다.

당신은 자신의 힘으로 전력투구하면서 인생을 진정한 감동의 색으로 물들여야 한다. 그런 때, 반드시 주의해야 할 점은 만화영화나 텔레비전 드라마에서 흔히 써먹는 드라마틱한 감동을 염두에 두지 않아야 한다는 것이다. 그런 유의 허상을 머리에서 싹 씻어 내지 않는 한, 진정한 감동과 조우하는 일은 절대 없다. 진정한 감동이란 노력과 정진 속에서만 느낄 수 있지 그렇게 쉽게 얻을 수 있는 것이 아니다. 평생에 한 번이나 두 번 느낄 수 있으면 다행인 것이다. 그 정도로

희소한 경험이다. 그러나 그 체험이야말로 인생에 진정한 가치와 의미를 부여하는 유일한 것이라 할 수 있다. 또한 고대하며 기다리기에 충분히 값어치가 있는 감동이다.

현재 당신이 감동이라는 착각에 빠져 있는 까닭은 자신의 존재가 쓸모없다는 것을 잠시 잊게 해 주는 정도의, 요컨대 마약이 가져다준 허망한 흥분감 때문이다. 마음껏 활약하는 타인에게 과도하게 보내는 응원이라는 형태로 자신의 인생에 색을 입히려는 것은 당신이 당신이라는 정체성을 완전히 방기했기 때문이다. 그렇게밖에 여겨지지 않는다. 자신을 비하하고 멸시하고 하잘것없는 존재라고, 그렇게 단정하는 것이나 다름없다. 바꿔 말하면, 실은 영웅을 동경하는 마음과는 정반대인 교활하고 비겁한 삶의 방식을 선택했다는 것이다.

만약 당신이 진정한 팬이라면 그 영웅에게서 배울 점을 배워서 인생에 반영하도록 노력해야 할 것이다. 왜 그는 영웅이 될 수 있었을까. 평범한 사람과 뭐가 다른가. 그렇게 되기 위한 구체적인 방법은 무엇인가. 그렇게 세세한 부분까지 고찰한 후에 배우고 본받을 점을 찾아내면 그 자리에서 바로 실천에 옮겨야 할 것이다.

그런 노력은 하지 않으면서 그저 영웅이 보여 주는

결과에 웃고 우는 소란을 반복하고, 은퇴 경기 때에는 '그동안 감동을 선사해 줘서 고맙습니다' 하는 웃기지도 않는 말을 적은 현수막 아래에서 엉엉 울어 대고, 그밤에 동지들과 모여 술을 퍼마시면서 일대 소동을 피운다. 그런 행위로 만족한다면 당신과 당신 인생은 없음이나 마찬가지라고 해야 할 것이다.

  타인을 경멸할 때도 그렇지만 존경할 때에도 지나치다 싶을 만큼 신중해야 한다. 그 상대를 꼼꼼하게 관찰하고 냉정하게 판단할 필요가 있다. 느낌과 인상, 분위기와 말투, 직함 같은 재료로 선불리 저울질을 해서는 당치 않은 결과를 초래할 수도 있다. 가령 꽤 그럴싸한 분위기의 인물을 만났다 쳐도, 우선은 한두 걸음 뒤로 물러나 호흡을 가다듬으면서 설레는 가슴을 진정시켜야 할 것이다. 연애에 빠질 때처럼 한눈에 반하는 것은 상당히 위험한 일이다.

  기본적으로 어느 시대에도 위인은 존재하지 않는다. 위인이나 영웅은 나약한 마음에서 태어난 환영에 지나지 않는다고 미리 정해 두는 편이 무난하다는 뜻이다. 나는 66년(이 책은 2010년에 출간되었다.—편집자)의 생애를 살면서 수많은 타입의 사람을 만나 보았다. 직업상의 이유도 있지만, 그들 한 명 한 명이 어느 정도의 인간인지를 다소 심술궂은 잣대를 들이밀면서 관찰해 왔다. 그 결과 나보다 나은 사람이 일일이 열거할 수 없을 만큼 많았지만, 위인이라 할 수 있는 사람은 한 명도 없었다. 또 세상에서 잘났다고 떠들썩하게 구는, 존경받고 있고 강연회를 열 때마다 대성황을 이루고, NHK 교육 프로그램과 신문의 문화란 등에 종종 등장하는 인물들도 직접 만나 볼 것 없이 가짜의 전형에 지나지 않는다는 것을 바로 알아차렸다. 그들은 사뭇 그럴싸한 말과 태도로 자신을 가장하고 있지만, 중요한 기개와 기품은 전혀 없으니 숨기려야 숨길 수 없는 이기주의자의 표정을 본의 아니게 언뜻언뜻 드러내고 만다.

  그렇다고 나는 타자에 대한 존경심을 완전히 잃은, 비뚤어진 사람도 세상을 등진 사람도 아니다. 감정으로 사물이나 인간을 보는 것은 어른이 된 남자가 할 짓이 아니라는 신념하에, 정확하게 사물과 사건을 파악하는 것이 지성의 기반이며 나아가서는 그것이야말로 자립한 젊음의 증거라고 생각하고 있을 뿐이다. 물론 나 자신은 훌륭한 인간과는 거리가 먼 존재이다. 하지만 실로 훌륭한 사람을 만났을 때를 대비한 마음의 준비는 늘 게을리하지 않고 있다. 그러니 만약 존경할 만한 사람을 만났을 때에는 그 사람의 나이와 성별과 사회적 지위를 막론하고 다양한 각도에서 관찰하고 검증

한 후에 훌륭한 인간임이 판명되면 그 자리에서 인정하고, 그 인물에게서 한 가지라도 배우려 할 것이다. 그리고 도저히 배울 수 없는 것이 몇 가지나 있다는 것을 알았을 때에는, 조금도 주저치 않고 그에게 위인이라는 표현을 쓰면서 존경할 것이다.

그러나 명실상부한 위인이라 해도, 그 자를 마음의 스승으로 삼을지언정 제자로 들어가거나 옆에 있기를 바라는 일은 절대 없을 것이다. 그렇게 하는 순간 지금까지 나름대로 쌓아올렸던 자립한 젊음이 산산이 부서지고 그 대신 잠자고 있던 의존이 눈을 뜨고 깨어나 발버둥치는 바람에 한낱 추종자로 전락할 테니 말이다.

또 그 훌륭한 인물이 진정한 위인이라면, 자신의 카리스마에 빠져 모여드는 사람들을 제자로 주위에 거느리는 일은 절대 없을 것이다. 하물며 모여든 젊은이들을 지배하거나 한 명 한 명에게 자신을 떠받들고 포장하게 하는 역할을 배정해 주지도 않을 것이다. 자신을 재밋거리로 삼게 하는 비속한 짓도 하지 않을 것이다. 하나 그런 짓을 일삼는 가짜 위인들은 고금동서에 수도 없이 존재했고, 지금도 위인의 대표로 추앙받는 경우가 적지 않다. 하지만 그들은 존경과 경애의 대상으로서 가치 있는 인물이 아니다. 오히려 그 반대이다. 눈치가 빠르고 영악해 타인의 마음을 훔치는 데 능숙하고 입만 살아 있는 자기중심적인 악당에 지나지 않는다.

진정한 위인이라면, 타인의 인생을 지배하는 일을 철저하게 배제할 것이다. 가르침을 달라고 해서 대답하는 경우에도, 딱 한 번 이렇게 말하고서 재빨리 사라질 것이다.

타인보다 자신의 힘을 믿고, 자신의 노력으로 그 힘을 이끌어 내는 도리밖에 길은 없다, 하고.

자신의 무력감과 고독을 한꺼번에 해결해 줄 초인이 어딘가에는 있을 것이다. 자신이 아직 그런 인물을 만나지 못했을 뿐이다. 이런 유치한 의존심이 가짜 위인과 엉터리 영웅과, 존재할 리 없는 신을 만들어 낸 것이다. 그리고 인류는 그 환영에 끌려다녀, 있어서는 안 될 수많은 비극을 거듭 경험했고, 앞으로도 똑같은 불행을 면치 못할 운명에 있다.

몇 번이든 말하겠다. 제자를 거느린 자는 진정한 위인일 수 없다. 자신은 일하지 않으면서 세상의 마음 고운 사람들을 속여 먹을거리를 갖다 바치게 하고는 그 대가로 잠시 마음에 평온을 주는 말을 거들먹거리며 떠벌리는 자, 자신을 따르면 진리의 길을 걸을 수 있고 죄가 소멸되며 내세에서 극락의 기쁨을 누릴 수 있다는 모순에 찬 논리로 주위를 세뇌하는 자, 사랑이라는 한마디로 권력자보다 질이 나쁘고 그 이상 가는 지배력을 휘두르는 자, 저속한 생활에 빠져 허우적대다 병사한 자, 또는 비록 정치권력에 의해 목숨은 잃었으나 후계자들이 퍼뜨린 미담 덕에 신의 자리에 끼어 추앙받는 자. 그런 자들이, 자립하지 못하고 자립하려고도 하지 않는 소박하고 평범한 사람들에게 과도한 영향력을 끼치고 그들의 나약한 마음에 파고들어 뒤흔든다. 그 결과, 한 사람 한 사람이 스스로 판단한 길을 걸었다면 벌써 오래전에 해결되었을 인류 특유의 비극적인 수많은 과제를 영원히 걸머지고 가야 하는 지경에 이른 것이다.

## 당신을 구제할 힘은
## 처음부터 당신에게 있었다

백 보 아니 천 보를 양보해서, 신과 위인이 존재한다고 가정해 보자. 그러나 그들이 있을 곳은 자신 속밖에는 없다. 신과 악마와 위인은 모두 당신의 내면에 존재하는 것이다. 당신 밖에 있는 그것은 당신에게 해를 끼치는, 당신을 무시하는, 당신을 착취하는, 당신을 이용하는, 당신을 공포와 혼란에 빠뜨리는, 당신을 당신이 아니게 하는, 그저 그뿐인, 당신의 내면에서 생겨난 신기루에 지나지 않는다. 진정한 자유를 사랑하고, 진정한 자립을 원하고, 진정한 젊음을 유지하면서 인생을 마감하고 싶다면, 이 점을 가슴 깊이 새겨야 할 것이다.

만약 그 마음이 흔들려 당신 밖에서 그들을 찾으려 하는 경우에는, 당신이 스스로를 폄하하는 짓이며 당신의 자립한 젊음을 제 손으로 궁지에 몰아넣는 짓이라고 생각해야 할 것이다.

당신의 인생을 좌우할 수 있는 권리와 자격이 있는 자는 당신 자신뿐이다. 그러니 당신 고뇌의 일부분이라도 타인에게 전가하거나 나누자고 해서는 안 된다. 안 그래도 타인 역시 당신과 마찬가지로 자신의 문제로 벅차기 때문이다. 친절한 태도로 당신의 어려움을 기꺼이 들어 주고 받아 주는 사람이 있다면, 그는 당신을 봉으로 삼으려는 악질 장사치거나 사기꾼 따위이지 결코 위인이 아니다.

자신의 문제를 스스로 해결하지 않으려 하는 자는 부끄러워해야 마땅한 비겁자이다. 당신은 처음부터 스스로를 구제할 힘을 갖고 있었다. 마치 그것이 없는 것처럼 느끼는 이유는 그 힘을 끌어낼 방법을 모르고, 저력을 발휘하는 습관이 몸에 붙어 있지 않기 때문이다. 당신이 그렇게 된 것은 부모의 넘치는 사랑 때문이었다.

현실에서 눈을 돌리게 한 학교 교육 때문이었다. 위급한 상황이 닥치면 돌봐 줄 것처럼 군 국가 때문이었다. 그리고 편안하고 푸근한 둥지에서 언제까지 나오려 하지 않고 또 이미 그런 공간이 없음에도 여전히 찾고 있는 당신 자신 때문이었다.

영웅을 응원하기 전에, 당신은 자신을 응원해야 마땅할 것이다. 강자의 비호를 기대하기 전에, 당신 스스로 강자가 되기 위해 있는 힘껏 자신을 연마해야 한다. 이외에 진정한 인생을 살 방법은 없다.

직장인의 세계에 의문과 불안을 품고서 예술적인 이것저것에 손을 대고, 이기적인 성공을 꿈꾸고, 그럴싸해 보이는 일을 어중간하게 시도한다. 그러다 곤란에 부딪히면 누가 어떻게든 해 주지 않을까 하는 의존심의 방해로 노력을 게을리한다. 아직 세상이 인정할 만한 수준에 도달하려면 멀었는데도 진정한 재능의 소유자라는 근거 없는 자존심과 자기 과신으로 남이 뭐라 말하든 상관하지 않는다고 오기를 부린다. 속으로는 사회적인 가치관에 한없이 집착하는 속물에 불과하고, 그 증거로 기회만 있으면 힘 있는 자에게 기대려 하고, 게다가 부모로부터 끝없이 들어 온 칭찬의 말과 '그렇게 된 건 네 책임이다'는 지적을 한 번도 받아 보지 못한 탓에 주제를 모르는 오만함이 뼛속까지 물들어 있으면서도 말이다. 잠시 얘기를 나눈 관계일 뿐 부모도 아무것도 아닌 연장자에게 이걸 사 달라 저걸 사 달라고 떼를 부리는 어린애처럼 볼썽사납게 울며 매달리고, 상대를 해 주지 않으면 또 어린애처럼 짜증을 부리면서 이렇게 부탁하는데 무시하다니 말이 되느냐고 화를 내고, 그러다 못해 이 또한 맹목적인 사랑의 후유증으로 내 인생이 이렇게 된 것은 모두 네 탓이라고 생트집을 잡고, 스토커 같은 짓을 시작하는 꼴이라니.

  당신은 그런 젊은이가 되고 싶은가. 당신은 자식을 그렇게 키운 부모인가. 타인에게 의존하고 타인의 힘을 빌려 스스로를 끌어올리려 하는 자신과 손을 끊지 않는 한, 타인에게 엉덩이를 걷어차이지 않아도 되는 일, 하나에서 열까지 자신이 책임져야 하는 일자리를 얻는 것은 무리다. 주위에서 자금을 지원받아 자영업의 세계로 전환했다 해도, 그런 마음 자세로는 오래가지 못해 언젠가는 파국을 맞게 될 것이다. 그리고 명예와 금전으로 장식된 사회적인 성공을 위해 예술 분야에 발을 들이민 자는 반예술적인 온갖 방법을 구사해서 성공을 거머쥐었다 해도, 그가 낳은 작품에는 영원한 생명이 깃들어 있지 않으니 그의 죽음과 함께 작품도 사라져 갈 것이다.

# 6장

누구의 지배도 받지 말고
누구도 지배하지 마라

이미 알아차렸으리라 생각한다. 나는 이 글을 만인을 대상으로 쓰고 있는 것이 아니다. 수많은 사람이 내가 던지는 이런 첨예한 발언에 진지하게 귀를 기울여 줄 것이라는 안이한 기대는 애당초 품고 있지 않다. 일본과 일본 국민의 현상과 현실에 관해서는 충분히, 또는 절실하게 인식하고 있다고 생각한다.

나는 일본 사람이 좋아하는, 정서를 우선시하고 도피 근성을 그대로 드러낸, 세상 일 따위는 모르고 알려고도 하지 않는 것을 순수한 마음이라고 치부하는 은둔형 문화를 계승한 소설가가 아니다. 오히려 그런 유의 예술가들과 그들이 써낸 작품에서 유치함과 치졸함 외에는 아무것도 느끼지 못하는 소수파에 속한다. 내 마음과 정신은 쇄국 시대의 잔재와 섬나라라는 폐쇄적인 환경에서 거의 아무런 영향을 받지 않았다. 나는 체질적이라고 해도 좋을 만큼 언제나 밖을 향해 열려 있다. 자립한 젊음이 결여되어 있었다면, 내면으로만 향하는 인간으로 추락해 은둔형 문화의 계승자 축에 끼여 도제제도와 문단과 같은 음습하고 발전성과는 거의 무관한 조직에 편입되고 말았을 것이다.

그런 나인만큼 당연히, 대상으로 하는 독자의 질에 대해서도 처음부터 상당히 범위를 좁혔다. 요컨대 지금까지 거부 반응을 보이지 않고 책을 내던지지도 않고 읽어 준 당신을 자립한 젊음의 원동력인 넓은 의미에서의 투쟁심을 잃지 않은 자라고 전제한다. 한편 따라와 주지 못한 독자에게는 털끝만큼의 배려 없이 얘기를 계속하려 한다.

## 나는 내면의 반란을 부채질하는 자

 나의 통찰력이 뛰어나다고는 절대 생각지 않는다. 하지만 보는 눈이 없는 것은 아니다. 그런 눈으로 봤을 때, 인간과 세계의 아름다운 면에만 초점을 맞추고, 거기에서 생겨난 감흥에만 젖어 있어서는 예술을 이해하는 마음의 소유자라고 인정할 수 없다. 그것은 기만이며 미숙이며 비열함이며 예술의 애매함을 악용해 은둔처로 삼은 유아성 이외의 아무것도 아니다. 가령 그런 작품이 그 작품을 쓴 자의 동류 사이에서 크게 화제를 모으고 지지를 받고 높은 평가를 얻고 예술의 핵을 이루는 정신인 양 해석한 평론이 통용된다 해도, 나는 인정하지 않는다.

 예술이란 그렇게 경박한 것이 아니다. 인간 세상 또한 그렇게 분명하게 해석될 수 있는 것이 아니다. 물론 그 정도야 누구든 알 것이다. 그러나 실제로 정말 알고 있느냐 하는 문제에 이르면 몹시 의문스럽다. 정말 잘 알고 있다면 그런 유의 작품에 마음을 빼앗기지 않을 것이다. 엉터리 같다는 한마디로 내던지고 말 것이다. 그런 예술이 횡행하고 위세를 떨치고 지배적이 된 탓에 더 높은 미의식과 더 예리한 감성을 지닌 자들이 예술계를 외면하게 된 것이 사실이다.

 이렇게 온갖 예술이 피폐하고 위축된 나머지 어디에서도 출구를 찾을 수 없어, 고전(古典) 앞에서 멀거니 서 있을 뿐인 것이 현실이다. 그러나 편리한 시대는 사람들의 자립한 젊음을 고갈시키고, 인간의 본질에 위배되는 문화는 아지랑이, 신기루와도 같은 이미지를 일상의 구석구석에 뿌려 놓았다. 그 때문에 사람들은 현실의 거친 파도와 마주하고 있다는 것을 점점 더 실감하지 못하고, 일개 야생동물에 지나지 않는 자신의 처지도 의식하지 못한다. 예술가나 예술 애호가와 아주 흡사하거나 그들보다 한층 연약한 정신을 지닌 자들이 엄청난 속도로 증가하게 되었다.

 그 해일 같은 기세를 막을 수 있는 자는 아무도 없을 것이다. 태고 이래로 시대의 조류를 거스르려 한 자는 얼마든지 있었지만, 그에 성공해서 조류를 바꾼 자는 좀처럼 없었다. 아니, 한 명도 없지 않았나 싶다. 요컨대, 그렇게 훌륭한 인물도 위인도 없었다는 뜻이다. 그릴 법하게 여겨지는 자와 정말 그렇다고 단언할 수 있는 자 사이의 거리는 태평양 아니 우주 이상일 것이다. 그러니 양자는 전혀 별개의 인물이다.

따라서 만인에게 고루 침투되는 말도 없거니와 사상도 철학도 있을 수 없다. 그 점에 복잡기괴한 생물인 인류의 비극이 숨겨져 있다. 이렇게 비비 꼬인 보기 드문 생물이지만 좋든 나쁘든 주목할 만한 가치는 있다고 보인다.

아무튼 내가 하는 말은 나와 비슷한 발상을 하고 있거나 나와 비슷하게 답답함을 느끼는 한 줌의 사람들을 대상으로 하고 있다는 얘기다. 그 점을 충분히 자각하고 쓰고 있다.

긴장감이라고는 한 톨 없는 인생을 이대로 마냥 보내도 괜찮은 것일까. 다른 인생은 정말 없었던 것일까. 다른 인생을 찾기 위해 머리를 쥐어뜯으며 몸부림쳤던 적이 과연 한 번이라도 있었던가. 살아 있는 동안에 야생동물에 걸맞은 진정한 자유를 만끽하는 것은 가능할까. 인간은 태어나 살다가 늙고 병들어 죽어 가는, 그것이 전부인 가련한 존재인가. 자신이 별 볼일 없기는 하지만, 그래도 조금은 나은 인간으로 살 수는 없을까. 지성이나 이성을 조금이라도 갖추고 있다면, 그것에 자신을 맞춰 나갈 방법은 없는 것일까. 청춘기를 상징하는 이런 유의 풋내 나는 의문에 수시로 쫓긴다. 세상의 불합리한 상황에 도무지 맞춰 살 수가 없다. 지금은 타협하면서 참고 지내고 있지만, 언젠가 그리 멀지 않은 날 반드시 나의 처지를 근원부터 뒤바꿔 보고 싶다.

그런 은밀한 바람을 지니고, 그럴 수 있다면 편한 생활을 포기해도 상관없다고 생각하고 있는 당신을 대상으로 얘기하고 있는 것이다. 그러니, 꿈같은 목표에 대해 얘기하는 것만으로 만족하고, 그런 자신으로 충분하다고 여기는 대부분의 사람까지 끌어들이려는 속셈은 전혀 없다. 또 이들을 끌어들이는 것이 가능하다고 생각하리만큼 나는 어리석지도 않다.

잠시 살다 가는 생애에서 속을 터놓고 교류할 수 있는 사람이 극히 한정되어 있는 것처럼, 나와 비슷한 생각을 품고 있는 타인의 수는 그리 많지 않을 것이다. 만인에게 이해되는 진리는 몇 가지나 있지만, 대부분 사람은 그 진리를 이해의 범주를 뛰어넘어 깨닫는 선까지는 가지 못한다. 이해와 깨달음은 하늘과 땅만큼이나 다른 것이다. 양자를 같이 놓고 다루는 것은 무모하고, 오해와 착각과 혼란을 야기할 수도 있는 일이다.

즉 나는 말을 위한 말을 하는 자가 아니라 글로 자립한 젊음과 내면의 반란을 부채질하는 자이다. 본인이 변하지 않으면 세상도 변하지 않는다. 세상을 바꾸려면 개인의 정신을 개조하는 수밖에 없다고 굳게 믿고 있는 자이다.

'진정한 혁명은 개인으로부터.'

그것이 내가 도달한 아포리즘이며 슬로건이다. 나는 어디까지나 현실에 입각해서 사고하고, 어디까지나 현실을 거역하며 살려 하는 인간이다. 그리고 그런 스스로를 자랑스럽게 여기는 자이며, 예술에 종사하는 자로서 이는 당연하고 또 기본적인 자세라고 확신하며 인간다운 인간이란 반드시 이래야 한다는 흔들림 없는 신념을 지닌 자이다. 그 때문에 세상과 보통 사람들과 사회와 국가와 종교계와 섞이지 못하고 마찰을 빚는 일도 많다. 하지만, 존재하는 자로서 필수 조건인 자립한 젊음을 숨을 거두는 순간까지 유지하려면 그 외 다른 삶의 방식은 없다고 명언하는 자이다.

## 누구의 지배도 받지 말고
## 누구도 지배하지 마라

잃는다고 아까울 것은 전혀 없다. 모두가 공통적으로 원하는 것에도 손을 내미는 일은 없다. 내가 나이고, 자립한 젊음을 끝까지 유지하고 목숨을 이어 가는 데 필요한 최소한의 것만 있으면 충분하다. 그 외의 것은 영혼을 무겁게 만들 뿐인 경박한 장식품이라고 단정하고 있다.

예를 들어 타자로부터 주어지는 명예는 하나같이 거짓 명예이며, 그것을 원하거나 손을 내미는 단계에서 이미 추락이 확정된다고 생각한다. 오랜 시간 노력한 성과가 흙탕물에 더러워진다고 생각한다.

그렇다면 진정한 명예는 있는가. 물론 있다. 그것은 자신의 내면에 숨겨져 있다. 그러나 그것을 실제로 제 손에 거머쥐는 일은 불가능하다. 내면의 진정한 명예는 다가가는 순간 멀어져 버리기 때문이다. 그렇기에 다시금 거기에 다가서기 위해 자신을 연마하는 나날을 보낼 수 있고, 진정한 명예를 추구하는 일이 삶의 의미가 될 수 있는 것이다. 그렇게 끝없이 좇아 가는 과정 자체가 최대의 그리고 궁극적인 명예가 되지 않을까 한다.

무언가를 손에 넣으려 아무리 발버둥 쳐 봐야, 죽음은 인간을 알몸으로 벗겨 놓는다. 피할 수 없는 죽음은 절대 헛수고의 상징이 아니다. 욕망에 쫓겨 껴안고만 온갖 것을 한꺼번에 씻어 내고, 이 세상에 태어났을 때와 똑같은 백지 상태로, 아무것도 없었던 출발점으로 돌아가게 한다.

산 자에게 유일무이한 보물은 누구의 지배도 받지 않

고 아무도 지배하지 않는 것이다. 그것이야말로 진정한 자유이고 진정한 자립이며 진정한 젊음이다. 하지만 무수한 욕망과 무수한 정념이 그 길을 가로막아 거기에 도달할 수 있는 자는 아주 소수에 지나지 않는다. 게다가 가시밭길이다. 투쟁의 연속이며 숨 돌릴 틈도 없다. 그래서 재미있는 것이다. 사는 것의 진정하고도 깊은 맛은 자신이 확신을 갖고 설정한 목표에 도달하는 과정에 있다.

인간이 아닌 동물은 욕망이 이끄는 대로 살아도 거의 삶의 길에서 벗어나지 않도록 만들어져 있다. 그러나 인간만은 그렇지 않다. 인간은 위약한 육체를 보강하기 위해 어중간한 지혜를 달고 다니는 탓에 악질적으로 변해 갔다. 욕망에 따라 살았으며 그 행위 대부분은 추악했고 수많은 죄악으로 이어졌다. 그래서 억제와 통제가 불가결하게 되어 법률과 도덕과 종교가 출현한 것이다. 그런데 그 법률과 도덕과 종교 또한 욕망으로 물들고 얼룩져, 도저히 손을 쓸 수 없는 강적이 되는 경우도 드물지 않다.

이쯤에서 분명하게 말하겠다. 나는 동지를 모으려는 것이 아니다. 그 점에 대해서는 절대 오해가 없기를 바란다. 과거 한때 오프로드 바이크에 열중했던 적이 있는데, 솔로 투어링이라는 모순된 모임이 있다는 것을 알고는 나도 모르게 쓴웃음을 짓고 말았다. 혼자 움직이기를 더없이 좋아한다는 사람들이 모임을 만들어 무리를 짓다니 어찌된 일인가. 이런 것이야말로 모순이며 자가당착의 전형이다.

하지만 솔로 투어링이 자립의 계기가 되는 효과에 대해서는 인정하지 않을 수 없다. 경험상, 그것은 분명한 사실이다. 청년기에 혼자서 하는 여행만큼 정신에 강렬하고 좋은 영향을 미치는 것은 없다. 서재에 틀어박혀 수천 권의 책을 독파했다 한들 절대 얻을 수 없는 발견이 있고, 언어로는 표현할 수 없는 중대한 무엇과의 만남도 있다. 그렇다고 소위 '나를 찾아 떠나는 여행'처럼 나르시시즘을 자극하는 것이 주된 목적인 여행과 혼동해서는 안 된다. 자신에게 도취되고 싶어 하는 나르시시즘은 미래로 이어지는 어떤 힌트를 주기는커녕 미래를 봉쇄하고 말살하는 결과를 초래하기도 한다.

## 전진하는 데 최대의 방해물은 나르시시즘

나르시시즘은 전진과 진보와 진화와 심화의 최대 방해물이며 마약처럼 마음을 좀먹고 술처럼 지성을 마비시키며 도박처럼 이성을 도탄에 빠뜨린다. 끝내는 인생을 송두리째 파멸의 심연으로 내동댕이치고 만다.

보통 나르시시즘은 젊은이들에게 따라다니는 감미로운 덫으로 받아들여지기 십상인데, 여자와 여자에 가까운 정신 구조를 지닌 남자는 평생에 걸쳐 그것을 걸치고 산다. 자신이 어떤 인간인지 이해하지 못하는가 하면 이해하지 않으려고 적극적으로 애쓰고 착각의 가면을 쓴 채로 늙어 죽는 삶은 객관적인 시각으로 봤을 때 아름다움과는 정반대 지점에 있다. 그런데 나르시시즘은 체질에 뿌리를 두고 있는 사상이라서, 아니 사상이라기보다 성질 그 자체라서 본인은 그런 자신을 절대 의심의 눈으로 돌아보지 못하고 도취에서 깨어나는 일도 없다. 그러니 행복하다면 행복한 생애라 할 수도 있을 것이다.

한시도 마음을 놓을 수 없고 긴장을 늦출 수도 없지만 그래서 자유를 만끽할 수 있는 솔로 투어링을 끝낸 후, 동료들과 모여 여행을 자랑하고 실패담을 늘어놓으며 추억에 젖는다면 여행은 헛짓이 되고 만다. 값비싼 할리데이비슨에 올라타 무슨 개선장군인 양 위세등등하게 보란 듯이 행진하는 것을 즐기는 패거리들과 별 차이가 없다. 결국은 '나르시시즘 투어링'에 불과한 꼴이 된다. 그런 그들은 고독과 싸우는 자들이 아니다. 그저 고독에 취하고 싶어 하는 자들이다.

나는 당신에게 이렇게 말하고 싶다.

그럴싸한 것을 하고서 그것을 했다고 생각지 말라고.

표면적인 자립이 아니라 진정한 자립을 지향하라고.

타인에게 보이거나 폼을 잡기 위한 겉모양뿐인 자립이라면 처음부터 하지 않는 편이 낫다고.

타인의 말을 우려먹기만 할 뿐 실천이 따르지 않는 자는 배우도 아니면서 화장을 하고 싶어 하는 남자처럼, 현실을 직시하지 못하는 얼간이라고.

거듭 말하지만, 나는 결코 동지를 모으려는 것이 아니다. 혹시라도 내가 당신에게 접근하는 일은 없을 것이고, 당신 쪽에서 접근해 오는 것도 단호하게 거부할 것이다. 그렇게 딱 부러지게 선을 긋지 않으면 솔로 투어링 모임으로 전락할 것이고 내 말도 한낱 장신구가 되고 말 것이다. 이 업계에 몸담은 지 오래된 탓에 동지를 모으고 무리를 짓는 것이 영리한 장사 전략이고 많은 독자를 포섭하는 방법이라는 것쯤은 이미 알고 있다. 하지만 나는 사양하겠다.

실제로는 그렇지 않으면서 자립한 양 폼만 잡고서 만족하는 자, 하나에서 열까지 자립의 방법을 가르쳐 줬으면 하면서 다가오는 자는 본인에게는 그런 의식이 전혀 없더라도 사실은 자립과는 정반대 지점을 지향하는 나르시시스트이다.

## 평생을 걸고도 못 쥐는 것이 자립이다

 자립한 젊음을 달콤한 이미지나 경박한 미학 따위로 획득하려는 우둔한 짓은 하지 말아야 한다. 그것은 부끄러워해야 마땅한 일이다. 자립은 자신의 힘에만 의지해 고군분투하지 않고는 얻을 수 없다. 평생을 들여도 겨우 그 문턱에 닿을까 말까 한 것이다. 때로 흉측한 꼴을 당하게 될 수도 있을 정도로 멀고도 험한 길 끝에 있다.

 자립은 고독이라는 도취감에 매몰되는 것이 아니라 어디까지나 혼자 힘으로 고독을 당연시 여기는 자를 지향하는 것이다. 자신의 두 눈과 두 귀와 뇌로 사물의 핵심에 도달하기는 몹시 힘든 일이다. 그러나 한 걸음이라도 다가설 수 있다면, 그 전까지 거의 죽어 가던 당신의 자립한 젊음은 조금씩 소생의 숨을 쉬게 될 것이다.

 그리고 그런 개인이 한 명 두 명 늘어나면 이 사회와 세상도 조금은 좋은 상태가 될지도 모른다. 하지만 그렇게 안이한 꿈에 휘둘리지 않는 편이 좋을 것이다. 듣기 좋은 말이기는 하나, 현실적으로는 항구적인 평화를 실현하는 것만큼이나 실현 불가능한 일이다. 자립한 젊음에 대해 진지하게 생각하고 또 그것을 원해 온몸으로 부딪치는 자의 수는 한정되어 있기 때문이다.

게다가 별나고 엉뚱한 이단아로 취급하는 타인을 이겨 내지 못하거나, 또 무엇보다 답답하고 밋밋한 하루하루의 연속을 견디지 못해 좌절하는 자도 많을 것이다. 좌절해서는 '있는 그대로 사는 게 최고'라는 본능과 감정이 이끄는 대로 사는 삶으로 전환하고, '범인이면 어떤가, 아무리 바동거려 봐야 범인은 범인일 뿐'이라는 변명의 배에 올라탔다가 더 큰 '남들처럼' 호로 갈아타 자신에게 잠재된 가능성을 전부 거친 바다로 내던져 버린다.

그러나 항해의 안정을 보장했던 배가 자칫 항로를 이탈해서 조난이라는 긴급 사태에 봉착하게 되는 날에는 손에 손을 잡고 저세상으로 가는 대참사를 모면치 못한다.

덧붙여 이 세상에 범인이라고 할 수 있는 인간은 한 명도 없다. 물론 범속한 자는 있지만, 그들 역시 범인은 아니다. 범인이라는 말은 자신을 범인으로 단정한 데서 비롯된 환상에 지나지 않는다. 위인 또한 그렇다. 그의 노력의 경위를 인정하는 자신에게 부끄러움을 느끼고 싶지 않은 탓에 그 자를 위인이라 분류한 것일 뿐이다. 자기를 쉽게 변호하고자 하는 유치함에서 비롯된 환영이다.

끝까지 노력하지 못하고 도중에 포기하는 것이야말

로 범인의 증거가 아니겠는가. 엉터리 논리를 내세우는 사람도 많이 있는데, 그것이야말로 자기기만에 불과하다. 자립의 필요성을 느끼지 못하고, 자립의 진가를 이해하지 못한 데서 오는 아주 흔한 좌절이지, 범인의 정의 운운하는 것은 어린애 같은 말장난에 불과하다. 당신을 둘러싼 환경이 갑자기 나빠져 지금까지처럼 태평하게 살 수 없는 상황에 처한다면, 절박한 시대가 온다면, 당신은 누가 부추기지 않아도 혼자 힘으로 자립의 길을 걷지 않을 수 없을 것이기 때문이다. 그러면 잠들어 있던 저력이 발휘되고, 죽은 사람 같았던 눈도 반짝이기 시작할 것이다. 전후 혼란기에 찍은 사진과 기록영화를 접할 때마다, 걸친 옷은 형편없어도 그들의 생기에 찬 표정, 특히 빛나는 눈빛에 압도되고 만다. 현대인들이 경제적 번영의 대가로 잃어버린 것이 무엇인지를 통감하지 않을 수 없다.

  그런데 상황의 악화로, 예를 들어 전쟁이나 불황 같은 외적인 조건으로 피치 못하게 자립을 지향하게 될 때는 대개 때가 이미 늦은 경우가 많다. 그래서 모처럼 싹튼 자립한 젊음이 본의 아닌 형태로 발휘될 가능성이 크다. 가령 경제적인 공황 상태에서는 부랑자의 생활력이나 범죄자의 교활함으로 변환될 수 있고, 전쟁이 발발했을 때에는 탁월한 살상 능력으로 발휘되거나 짐승 같은 행위로 치달아 잔인한 결과를 빚을 수도 있다. 이런 것은 인간으로서 마땅히 지녀야 하는 자립한 젊음과는 전혀 반대되는 모습이다.

진정한 삶을 살기 위해 정말 자립한 젊음을 원한다. 그런데 지금처럼 미적지근한 상황에서는 아무리 분발하고 어떤 일에 도전해 본들 좌절이 눈앞에 뻔히 보인다. 그렇다고 해서 모처럼의 인생을 이렇게 본의 아닌 형태로 구질구질하게 이어 가고 싶지는 않다. 무엇 하나 진지하게 시도해 본 적 없이 늙어 죽는 것은 견딜 수 없을 것 같다.

직장인이 되기 위해, 노예나 다름없는 고용인이 되기 위해 이 세상에 태어나지 않았을 것이다. 지금이라도 늦지 않다. 마음을 굳히고 일어설 수 있는 마지막 기회일지도 모른다. 정신 수행부터 시작해야 할 것이다. 그렇다, 절에라도 가자. 엄한 계율 속에서 육체와 정신을 단련하자. 우선은 초보자를 상대로 한 달에 몇 번 열리는 좌선 모임에라도 가 보자. 그렇게만 해도 무언가는 변할 것이다. 아니, 변하기 위한 계기 정도는 잡을 수 있을지 모른다. 가만히 있는 것보다는 나을 것이다.

이렇게 누구나 흔히 하는 발상으로 무언가를 시작하려는 것은 명백한 잘못이다. 자립한 젊음을 원한다면서 반대 방향으로 돌진하는 것만큼이나 어리석은 행위이다.

    당신은 이렇게 반론할지도 모르겠다. 좌선으로 마음이 맑아졌다. 실제로 망설임도 줄어들었다. 나 자신과 나를 둘러싼 세계를 다른 각도에서 바라볼 수 있게 되었다.

    그런 심경의 변화는 물론 착각이 아니라 사실일지도 모른다. 당신은 쉬운 방향으로만 살아왔고 대책이 없을 정도로 무질서한 나날을 보내왔다. 약간의 규율과 절제로 자신을 단속할 수 있고, 이 혼미한 시대에 자신을 어떻게 통제해야 하는가 알려 주는 설법에 귀 기울이면 무아의 경지에 도달할 수 있을지 모른다고 안이하게 생각한다. 그러한 생각만으로도 정신이 맑아졌다는 것은 의심의 여지없는 사실이다.

    하지만 결국은 그 정도의 변화에 머문다. 앞으로 더 나아갈 가능성은 전혀 없다. 비유해서 말하자면 이렇다. 체지방 40퍼센트를 넘는 뚱뚱한 사람이 감량에 도전하기로 결심하고 거금을 들여 체지방 감량 교실에 다니거나 아니면 자기 식으로 감식과 운동을 시작해 겨우 몇 킬로그램 살을 뺐을 뿐인데 흥분해서 좋아하는 것과 비슷한 상황이다. 뭉실뭉실 살이 찐 사람이 그 정도 빼는 것은 아주 간단한 일이다.

    문제는 그다음이다. 같은 페이스로 표준 체중이 될

때까지 감량을 지속할 수 있느냐 하면 안타깝게도 고개를 저을 수밖에 없다. 끈기와 지구력 같은 힘을 무시하다 못해 세련되지 못한 삶의 상징이라며 피해 온 당신은 지구력을 회복하고 또 지속시키는 것에 상당한 압박을 받을 것이다.

애당초 자신이 아닌 것에 매달리려 한 것 자체가 큰 잘못이다. 자립한 젊음을 지향하면서 다른 힘에 의지한다는 것은 모순이다. 당신은 당초의 자극에 길들어 단박에 매너리즘에 빠지고 말 것이다. 자립의 전문가라 여겨지는 선승에게 죽비로 등을 얻어맞아도 마조히즘 유의 쾌감을 느낄 수 없고, 죽과 단무지와 국뿐인 소박한 식단에서 느꼈던 신선함도 느낄 수 없으며, 몸 전체가 거부 반응을 일으키게 된다. 결국은 사람들과 어울려 사는 것에 대한 고마움만 새삼스럽게 인식하는 성과밖에 거두지 못한다. 그런 짓은 세상을 등진 자들이나 하는 것이라는 결론을 내리고는 이전보다 더 열심히 선술집을 드나들지언정 절간을 드나드는 일은 두 번 다시 없는 결말을 맞게 될 것이다.

요행히 첫 장벽을 그럭저럭 이겨 내고 더 높은 정신성을 추구하기 위해 선승이 되기로 마음먹고, 그때껏 누려 온 세속적인 생활을 포기하기로 했다 해도, 계율을 지키고 선현들이 남긴 말을 충실하게 이행하는 세월을 아무리 보내 본들 당신은 자립한 젊음에 다가갈 수 없을 것이다. 이유는 자명하다. 그 삶의 방식과 생활은 타자가 강요한 것이기 때문이다. 당신은 무턱대고 따랐을 뿐이다. 스스로 생각하고 스스로 결정하고 스스로 실행한 것이 아니다.

자신의 정신을 자신이 아닌 자에게 고스란히 내맡기면 직장과 가정과 사회와 국가에 자신을 고스란히 맡겨 왔던 지금까지의 당신과 조금도 다르지 않게 된다. 의존 체질은 조금도 개선되지 않았고, 개선할 의지도 없는 당신은 여전히 속수무책인 노예 신세이다.

속세와 단절된 깊은 산속의 절간에 틀어박혀 동류들과 지내면서 수행이라 칭해지는 자학적인 생활을 하고 좌선 삼매경에 빠져 지낸들, 죽어 있으면서 살아 있는 듯한 착각을 만끽하거나 존재자로서 자신을 완전히 버렸다는 비열한 안도감에 빠질 뿐이다. 그것이야말로 도피의 전형이다. 도망이라도 해도 좋을 것이다. 의존감의 끝에 기다리고 있는 것은 도망자의 신분이다. 그리고 도망 다니는 당신을 집요하게 쫓아다니는 것은 사회도 가정도 일도 아닌 바로 당신 자신이다. 자신에게 쫓기는 일만큼 대책이 없는 것도 없다. 어디에 어떻게 숨어도 끝까지 자신을 숨길 수는 없으니, 끝내는 미치든지 스스로 목숨을 끊든지, 양자택일을 해야 하는 비참한 상황에 내몰리게 될 것이다.

그렇지 않더라도 과도한 명상은 위험하다. 좌선이라는 행위는 생명의 본질적인 존재 양식에 위반되는, 야생동물의 생리를 거스르는 것이다. 자연에 크게 위배된다. 죽지 않았는데, 잠든 것도 아닌데, 모든 사고와 정념을 정지시키고 자의식까지 없앤다는 것은, 가령 영혼은 자유자재로 움직일 수 있는데 심장의 고동과 호흡을 멈추는 일 이상으로 슬픈 결과를 불러올 것이다. 명상의 후유증으로 정신이 망가져 폐인이나 다름없이 변한 사람도 있다고 한다. 그렇게 심한 정도까지 가지 않았더라도, 명상의 지옥에 유폐되어 사회로 복귀하지 못한 자 역시 적지 않다는 소리를 들었다.

## 자신을 버린 자와 지킨 자,
## 두 종류뿐이다

무의식중의 끊임없고 쉴 새 없는 사고와 상념은 산 자의 대표적인 특질이며, 시간의 흐름과 함께 생명을 이어 가고 있다는 무엇보다 확실한 증거이다. 비상사태에 대비하기 위해, 언제 어떻게 날아들지 모를 정보를 위해 전원을 늘 켜 두는 수신기와 같다. 스위치를

끄는 순간 수신기는 그저 잡동사니에 불과하다.

  인간은 야생동물과 같은 부류이기는 하나 송곳니와 갈고리 같은 손톱과 강력한 근육 등의 무기를 갖고 있지 않기 때문에 두뇌를 그 대용품으로 쓰며 살아왔다. 무수한 외적의 기습에 대비해 끊임없이 신경을 곤두세우고, 쉴 새 없이 지혜를 동원해 왔다. 좋고 나쁘고를 떠나 그랬기 때문에 오늘날 인류의 번영이 있는 것이다.

  그러나 문명과 문화가 얼마나 발달하든 약육강식의 세계에 살고 있다는 점은 변하지 않는다. 그 스트레스가 오히려 심해졌을 정도다. 그렇기 때문에 앞으로는 더욱이 의지와 무관하게 움직이는 사고와 상념이 자율 신경의 작용처럼 없어서는 안 되는 것이다. 그것 없이 생의 존속은 불가능하다.

  깨달음이다 해탈이다 하는 그럴듯한 말이나 내뱉고 독선적인 논리나 주물럭거리면서 노동을 거부하고, 타인이 바친 먹을거리로 연명하며, 한없이 자기 개인의 심적 행복을 위해 수행 따위에 열을 올리는 자. 그런 주제에 이들은 자기들 세계에도 엄연히 존재하는 고리타분한 주종 관계와 출세를 위한 허접한 가치관과 얄팍한 거래에 좌지우지되고, 때로는 일반 기업을 방불케 하는 이익 집단으로 보일 만큼 저속한 신경전도 벌인다.

누구보다 고매한 정신을 추구해야 할 그들이 그렇게나 천박한 삶을 선택한 것처럼 느껴지는 것은 어째서일까. 아니 그 전에, 이 세상에서 도피한 자이고 자신에게서도 도망친 그들이 과연 이 세상에 대해 말할 자격이 있는 것일까.

그런데도 그들은 속인을 상대로 근엄한 표정을 지으며 얘기한다. 강연회도 열고, 텔레비전에도 출연해 인생이 무엇인지, 산다는 것은 무엇인가를 자신만만하게 설법한다. 자신의 비참한 출생 배경부터 시작해, 그 말도 안 되는 상황에서 비롯된 혼미함에 대해 정감이 넘치는 말투로 얘기한다. 혼미의 미망에서 벗어나기 위해 불문에 들어선 경력을 늘어놓고, 얼마나 고생스럽게 깨달음을 얻어 오늘에 이르렀는지를 마치 이 세상 전부를 다 아는 듯한 말투로 설파한다. 그래 봐야 어디서 들어 본 듯한 곰팡내 나는 정신론일 뿐이다.

그리고 그 늙은 고승은 수도 없이 거느린 제자들에게 혼자 힘으로는 움직이기도 쉽지 않은 몸을 부축하게 하고서, 윤택한 자금이 마르지 않는 그들의 왕국으로 돌아간다. 그리고 관리의 세계 못지않은 추악한 자리다툼 끝에 차지한 왕좌에 앉아 절대 지배자로 군림하면서 인생의 청춘을 구가하는 것이다. 그런 것이 그들의 조직이며 세계이다. 나와는 직접적인 관련이 없는 집단이므로 이 이상 뭐라 얘기할 마음은 없지만, 그들의 먹잇감이 돼 가고 있는 당신에게만은 몇 번이든 얘기하지 않을 수 없다.

  현실에서 도피하고 실제 사회에서 도망쳤으면서 누구도 모르게 세상의 높은 자리를 떡하니 차지한 그들, 그 수상한 무리의 말 어디에 들을 가치가 있다는 말인가. 그들을 존경하고 따르는 근거는 무엇인가. 당신보다 낫고 당신보다 월등한 인간이라는 더 구체적인 증거를 들 수 있는가. 아니면 그들을 섬기기만 하면 언젠가는 틀림없이 좋은 일이 있을 것이고, 없다 해도 벌을 받는 정도는 피할 수 있고 죽어서 지옥으로 떨어지는 일도 없으리라는, 마치 상해보험이나 생명보험에 거는 기대처럼 약삭빠른 타산이 있어 그러는 것인가.

  의사나 장의사와 마찬가지로, 그들이 죽은 자와 가장 가까이에 살고 있다는 점은 사실이다. 그렇다고 저 세상과 친근하며 또 그 세계를 잘 아는 존재라고는 할 수 없다. 과연 그래 보이는 연기는 하고 있지만, 절대 이 세상과 저 세상을 잇는 존재는 아니다. 그들을 통하지 않고는 탈 없이 저 세상으로 갈 수 없으리라 믿는 것은 그들과 그들의 세계가 오랜 세월에 걸쳐 세상에 퍼뜨린 별 볼일 없는 성과이며 몽상이지, 움직이기 어려운 사실과는 한참 거리가 멀다.

만약 그들이 주장하고 표방해 마지않는 저 세상이라는 것이 실제로 존재한다면, 당신이 길거리에서 쓰러져 죽음을 맞는다 해도, 아무도 발견하지 못할 장소에서 늑대와 여우와 독수리와 미생물의 밥이 될 수밖에 없게 숨이 끊어졌다 해도, 누구의 도움 없이 혼자 힘으로 그곳에 도달할 수 있을 것이다. 그런 시스템이 아니라면 신이 아직 존재하지 않았던 고대의 인간은 누구 하나 저 세상으로 가지 못했다는 얘기가 될 것이다.

아무튼, 지금 이 자리에서 그런 얘기는 별 문제가 되지 않는다. 저 세상이 있는지 없는지는 죽어 보면 금방 알 수 있는 일이다. 있다면 거기에 가서 어떻게든 살아갈 생각을 하면 되고, 없다면 무가 되어 소멸되면 그뿐이다. 뭐가 어찌되었든 지금 이렇게 이 세상에 살아 존재하는 한, 당신은 어디까지나 자신이 지닌 능력을 적극 활용해서 살아가야 하고, 또 그렇게 만들어졌음은 확실하다.

위인도 없거니와 범인도 없다. 있는 것은 자신을 버린 자와 자신을 주워 든 자뿐이다. 자신의 힘으로 살아가려는 자는 진정 살아 있는 자이고, 타인에 기대 살아가려는 자는 가짜 산 자이다. 전자는 '살아 있는 자'이며 후자는 '살아 있지 않은 자'이다.

요는 살아 있을 것이냐, 살아 있지 않을 것이냐이다.

수행의 도량으로 가장 적합한 곳은 심산유곡으로 둘러싸인 이끼 낀 절이 아니라 난잡함과 무질서함으로 물든 바로 이 세상이다. 다시 말해서 진흙탕 같은 현실 사회보다 더 좋은 도량은 없다는 뜻이다. 타인의 힘에 의지하려 드는 순간부터 당신은 살아 있으나 산 자가 아니며 타인에게 먹힐 뿐인 봉의 처지로 떠밀린다. 상대는 당신의 마음을 손아귀에 움켜쥐고 착취하고 이용하다 쓸모가 없게 되었다 싶으면 내던진다. 타인을 속이면서 사는 것도 물론 말이 안 되지만, 속으며 사는 것도 수치스러운 일이다.

  자립한 젊음을 유지하기 위한 첫째 조건.

  그것은 절대 속지 않는 것이다. 속지 않으려면 모든 권력과 권위를 의심하는 것이 중요하고 또 필수 조건이다. 아니 어떤 권력도 권위도 다 사기라고 생각하는 편이 좋을 것이다. 당신은 충분히 자신을 믿고 있다고 단언할 수 있는가. 자신을 얼마나 정확하게 파악하고 있는가. 권력을 휘두르고 권위를 낳는 사람들 역시 당신과 엇비슷한 인간이라는 것을 상기하기 바란다. 그 사실을 충분히 숙지하고도 남아 오히려 거꾸로 권력과 권위를 보란 듯이 이용할 수 있을 만큼 당신은 강건하고 빈틈없는 인간인가. 그렇다 해도 권력과 권위의 비위를 맞추는 단계에서 당신의 자립한 젊음은 바로 말살당하고, 살아 있으나 산 자가 아닌 인간으로 격하되고 만다. 가령 현재 나이로 보나 육체로 보나 젊음을 유지하고 있는 자라도, 아니 그러면 그럴수록 정신의 노화는 빨라질 것이다.

원숭이와 마찬가지로 인간도 한없이 사회적인 동물이다. 그 때문에 필요 이상으로 조직과 집단에 속하려 하는 것이다. 그리고 그 습성 탓에 권력이 난폭해졌고 권위는 거짓된 것이 되고 말았다. 또 조직과 집단에 대한 과도한 적응과 충성이 전쟁 같은 참극을 불어오기도 한 것이다.

그러나 우리는 원숭이와 비슷할 뿐 원숭이가 아니다. 본능의 폭발을 억제할 수 있는 지성과 이성을 겸비한 인간이다. 지성과 이성을 기반으로 살아가는 기쁨이야말로 인간을 인간답게 하며, 그러기 위한 갈등은 인간다운 삶의 방식이라 해야 할 것이다. 조직과 집단에 무턱대고 집착하고 따르는 자신을 억제함으로써 인생의 좌표를 정상으로 되돌리려면 자립한 젊음을 더 철저하게 추구하는 길밖에 없다.

타인에게서 강요된 위치에서 비롯되는 긴장감은 스트레스에 지나지 않지만, 스스로 모든 것을 결정해서 얻은 지위에서 오는 긴장감은 생기의 분출이라 해야 할 것이다.

### 에필로그

# 자립한 자의 일생

　그렇게 여겨지는 경향이 있다는 점은 반성해야 하겠지만, 그러나 나는 인간을 싫어하는 것이 아니다. 인간을 싫어하는 자는 소설가로 적합하지 않고, 무리에 무리를 거듭한다 해도 40년 이상이나 소설을 계속해 쓸 수 없다. 젊은 시절에는 어떤 타입의 인간에든 관심이 있어, 호기심이 이끄는 대로 무례한 질문을 퍼부은 탓에 빈축을 산 일도 있다. 그러나 나이를 먹으면서는 자립한 젊음을 지닌 인물에게만 관심을 표하게 되었다.

　젊은 나이에 현실을 멀리하고 서재에 틀어박혀 자신만 바라보고 있는 소설가는 단박에 그 마음이 축소되어 마침내는 그나마 있던 재능마저 질식 상태에 이르고 만다. 그러고는 싸구려 파국으로 직행하거나, 무슨 수를 써도 글을 쓸 수 없어 스스로 목숨을 끊는 흔히 있는 안이한 결말로 생애의 막을 내리게 된다. 그들은 타인과의 접촉보다 자신과의 교제를 더 좋아했던 것이다. 자신 이외의 인간 따위는 어떻게 되어도 상관없었던 것이다. 또는 타인은 어디까지나 배경으로만 있는 존재에 불과했던 것이다.

  소설가로 살면서 자신을 제아무리 열심히 관찰해 본들 쓸 만한 거리는 발견되지 않는다. 서재에서 사색에 잠긴 나날을 아무리 오래 살아 봐야 얻는 것은 고작 글재주 정도이다. 그렇다고 적극적으로 사회에 섞이는 생활을 하면 집필을 위한 시간과 체력을 빼앗기고 만다. 이 양자를 해결할 수 있는 열쇠는 타자를 지그시 관찰하고, 또 가능하면 질문 세례를 하는 것이다. 나르시시즘의 주술에 걸릴 확률이 아주 큰, 소위 문학청년 타입이 문학 세계에서 돌파구를 찾지 못하고 이내 쓸 수 없는 지경에 이르는 이유가 바로 그렇게 하지 않는 데 있다.

  나는 그들과 정반대 타입이기 때문에 지금까지 끊임없이 써 왔고, 쓸 때마다 쓰고 싶은 테마가 늘어나는 것이다. 자신으로부터 완전히 동떨어져서 소설을 쓰는 것은 가능하지 않다. 그러나 자신을 모든 것이라 여기고 쓰는 것도 문제다. 자극적이고 변화무쌍한 인생 체험이 있다면 얘기는 달라지겠지만 말이다.

나는 성격과 체질로 봐서도 실내를 좋아하지 않고 야외를 더없이 좋아하며, 무기적인 것보다는 유기적인 것에 이끌린다. 그리고 정신적인 노동보다는 육체적인 노동에 훨씬 적합한 인간이다. 내게 서재는 감옥이나 다름없는 공간이다. 그런데 운명이란 참 아이러니한 것이어서, 그런 나를 살기 위해서라고는 하나 하필이면 소설가로 만들고 말았다. 원래 문장을 쓰는 따위의 성가시고 답답한 일은 성격에 맞지 않았다. 사고하기보다 직감을 우선시하면서 자연 속에서 땀 흘리며 사는 것이 어울리는 남자였다. 농업이나 임업, 목축업, 어업 또는 건설업을 해도 좋았을 것이다.

산골에서 자란 나는 필연적으로 바다를 동경하게 되었고, 선박 무선통신사가 되려고 했다. 그런데 전자공학이 전혀 적성에 맞지 않는다는 사실을 안 순간 낙오자가 되어, 배를 타고 7대양을 제패하겠다는 꿈을 접지 않으면 안 되었다. 그러고는 당장 입에 풀칠이나 하고 세상 구경이나 할까 싶은 가벼운 마음으로 직장인이 되고 말았다.

아침부터 저녁때까지 방음벽으로 에워싸인 전신실에 갇혀 텔렉스 기계에서 나는 찰칵찰칵 하는 소음을 들었다. 참을 수 없었던 것은 콩나물시루 같은 만원 전철에 갇혀 대도시의 한 귀퉁이로 출근해서는 더러운 공기를 마시면서, 불필요한 인간관계에 마음을 썩이면서, 정년까지의 길이 뻔히 보이는 환경 속에서 해를 보는 일도 거의 없이 생의 가장 좋은 시기를 지우개처럼 갈아 없애는 것이었다. 기업에나 다니며 악랄한 거래를 돕는 정도였다면 아마 기분이 그렇게까지 무겁지는 않았을지도 모르겠다.

어느 날부터 이렇게 허접한 생활을 강요당하기 위해 태어난 것이 아니라는 분노가 점점 끓어올랐다. 그 분노는 사회 구조를 향한 것이었지만, 경찰대에 돌을 던지기만 하면 혁명이 이뤄진다고 생각하는 학생들 사이에 끼고 싶을 만큼 유치하지는 않았다. 분노의 대부분은 안이하게 인생 코스를 선택하고 만 자신을 향했다. 빨리 손을 쓰지 않으면 목이 졸리는 듯한 지옥에서 탈출할 수 없으리라는 위기감에 등이 떠밀려, 자본금 없이도 시작할 수 있다는 이유만으로 거의 발작적이다시피, 혹은 지푸라기라도 잡는 절박한 심정으로 소설가가 되기로 결심하고 바로 실천에 옮겼다.

소설가가 되기 위해 무언가를 배우겠다는 생각은 전혀 없었다. 아무리 난해해 보이는 세계라도 어차피 인간이 하는 일이니 일일이 가르침을 구하지 않더라도 자기 방식대로 어떻게든 쓸 수 있으리라 생각했고, 생각한 그날부터 쓰기 시작해 그로부터 1년 반 후에는 자립한 젊음을 죽여 노예로 만드는 직장인의 세계에서 탈출하는 데 성공했다. 어느 모로 생각해 보나 문학이 적성에 맞지 않다는 것을 족히 알고 있었지만, 고용인 신세에 비하면 눈이 부시도록 자유롭다는 조건만으로도 좋아서 소설가인 척했다.

그러나 아무리 분방하게 살 수 있다 해도, 좋아하지 않는 일을 계속하다 보면 반작용이 생기는 것은 당연하다. 얼마 후 나는 도시에는 내가 있을 곳이 어디에도 없다는 생각에 견딜 수 없어 태어나고 자란 산골로 돌아왔다. 그리고 지금까지 몇십 년을 지내고 있다.

일은 최소한으로 줄이고, 나머지 시간에는 오프로드 바이크를 타거나 낚시와 산행을 하면서 보냈다. 그런 생활로 육체와 정신의 균형을 근근이 유지하면서, 언젠가 자신에게 적합한 일을 찾을 수 있을 것이라고 기대했다. 그런데 어느 날 불쑥 그렇게 싫어하고 꺼렸던 소설과 정면으로 부딪쳐 보자는 생각이 들었다. 그런 심경의 변화는 전혀 예상치 못한 일이었다. 무슨 일이든 계속해 보지 않고는 알 수 없는 법이다.

그렇다고 해서 좋아졌다는 의미는 아니다. 마흔 살이 다 되어 뒤늦게나마 문학의 속이 깊음을 깨닫고, 무한한 세계가 있다는 것을 실감했다. 그리고 이왕 시작한 일 본격적으로 도전해 봐야겠다는 생각이 싹텄다.

문학이라 할 수도 없는 낮은 수준 따위는 상대하지 말고, 어차피 하는 거 이것이야말로 문학이라고 단언할 수 있는 작품을 목표로 글을 쓰기로 마음먹고 또 각오를 다졌다. 그때 비로소 나는 자립한 젊음의 문턱을 밟았는지 모르겠다.

그러나 사색과 집필의 나날로는 야생동물의 생기를 유지할 수 없고, 육체가 있어 정신도 있다는 것을 잘 알고 있었다. 그 때문에 공들여 마당을 가꾸는 등 힘을 써야 하는 취미로 육체를 단련하면서 하루에 비록 두세 시간이긴 하지만 알차게 본업을 계속할 수 있었다.

그렇게 때가 흐르고 흘러 예순여섯 살이 넘은 지금은 소설과 마당 가꾸기 없는 인생은 생각할 수도 없는 정도에 이르렀다.

그러면서 문학은 써도 써도 앞이 보이지 않고, 오히려 쓰면 쓸수록 우주처럼 한없는 세계라는 것을 절감하게 되었고, 새 작품을 발표할 때마다 자신이 밤하늘에 반짝이는 별 하나에도 못 미치는 하찮은 존재라는 인식이 깊어져 오히려 마음이 푸근해지기에 이르렀다. 그 충실함을 더욱 다지기 위해서였는지 어떤지는 알 수 없지만, 아무튼 인간 세상에 대한 호기심이 점차 강해지고 아울러 식물에도 관심이 깊어졌다. 즉 이 세상에 존재하는 삼라만상에 관심을 품게 된 것이다.

그리고 거기에 나 자신을 투신하고 있는 점이 신기해서 견딜 수가 없었고, 그런 모든 것은 내 작품에 반영되었다. 해마다 누구도 아직 밟지 않은 언어의 황야를 헤치고 들어가는 즐거움이 신선하게 느껴지고, 해마다 6월 15일을 전후해 일주일 정도 꽃이 흐드러지게 피는 마당과, 1년에서 1년 반 간격으로 완성하는 소설이 내가 나라는 것을 강렬하게 인식하게 해 주었다. 그리고 그럴 때마다 자립한 젊음은 배가되는 듯 생각되었고, 삶의 정당한 양식이란 바로 이런 것이 아닐까, 청년기의 젊음은 그저 육체적인 젊음의 의미밖에 없지 않았나 하는 생각을 하게 되었다.

　그렇지만 수명을 이겨 보겠다는, 그런 초자연적인 환상은 조금도 품고 있지 않다. 육체가 날로 노화하고 있는 현실에 눈을 감을 만큼 어리석지는 않다. 벌써 몸 여기저기가 고장 난 것은 부정하려야 부정할 수 없는 사실이고, 대부분의 직장이 왜 예순에서 예순다섯 살을 정년으로 정했는지를 몸소 이해할 수 있게 되었다. 그러니 주제를 모르고 나서는 노인의 천박하고 무의미한 허세만큼은 절대 떨고 싶지 않다. 그리고 앞으로의 인생에서는 최대한 불필요한 움직임을 줄여야 한다는 해답을 굳혀 가고 있다.

　나이가 이만큼 들고 보니 같은 발견이 같은 감동을

불러오는 일은 좀처럼 없다. 그 정도는 이미 알고 있다는 대답이 어쩔 수 없이 앞서고 마는 탓에 늘 그 이상의 발견을 추구한 나머지 감동의 기준만 날로 까다로워지고 있다.

사람과의 교류도 그렇다. 젊은 시절처럼 찾아오는 사람은 막지 않는다는 식으로 일일이 받아들여서야 몸이 남아나지 않는다. 그래서 교제의 범위를 극도로 좁혔다. 선택의 유일한 잣대는 자립한 젊음을 지니고 있는 사람인가, 또는 그 방향으로 살려고 애쓰는 사람인가 하는 것이다. 1년에 한두 번 정도로 횟수는 적지만 그들과의 만남은 실로 기분 좋고 또 자극적이며, 나의 미숙함을 새삼 깨닫게 해 힘을 얻는 일이 많다. 더불어 정열과 의욕도 충만해진다. 성별과 나이, 직업과 성격도 모두 제각각이지만 그들이 발하는 반짝임이야말로 생명의 광휘 자체라는 것을 절감하게 된다. 야생동물에 버금가는, 터져 나갈 듯한 젊음을 가진 사람을 만나면 알게 된 것만으로도 태어난 보람을 느끼고, 살아 있을 가치가 있다고 생각지 않을 수 없다.

그들은 어떤 위치에 있든 순수하고 한결같고 자신을 반듯하게 유지하며 자신이 해야 할 일을 똑바로 알고 있다. 또 나아갈 미래와 현재의 세계 동향에도 주목한다. 무엇보다 끊임없이 자신과 진지한 싸움을 계속한다. 희망이 보이지 않을 때에도 절대 우는 소리를 내지 않고 도움도 청하지 않으며, 어떤 궁지에 몰렸어도 조금이나마 올바르다 생각하는 쪽으로 나아가려는 소박한 노력을 아끼지 않는다.

오해하면 곤란하다. 나는 솔로 투어링 모임 같은 집단을 결성하려는 것이 아니다. 자립한 젊음에 대해 얘기하는 일도 없고 상대의 표정에서 그것을 읽어 내려고 사람들과 교류하는 것도 아니다. 끈적거리는 관계도 원치 않지만 메마른 관계도 원치 않는다.

그렇다고 나나 그들이 완전히 자립한 젊음을 획득한 것도 아니다. 가령 500세라는 수명이 주어진다 해도, 자립한 젊음의 완전한 획득을 실현하기란 불가능할 것이다. 그 정도로 엄청난 과제이다. 그러니 삶은 계속할 가치가 있는 것이다. 그 위대한 목표에 한 걸음 더 다가감이야말로 인간으로서 살아가는 의의가 아니겠는가. 나이를 먹으면서 그렇게 믿게 되었다.

나는 언젠가 국민의 한 사람이기 전에, 사회의 일원이기 전에, 지역 주민이기 전에 한 인간으로서 나 자신이기를 간절하게 바란다. 이것은 내 인생이고 내 생명이며, 나는 다른 누구에게 종속되기 위한 존재 따위가 결코 아니기 때문이다. 그것이야말로 삶의 대전제이며 기반 중의 기반이다. 어떤 사태가 벌어지더라도 그 한

가지만은 흔들리지 않기를 강력하게 바란다. 그렇게 엄연한 법칙을 스스로 짓밟는 식으로 사는 것만큼은 절대 피해야 한다.

그렇다고 도그마나 나르시시즘의 지배하에 놓이는 일은 결코 없을 것이다. 이치에 맞고 어느 모로 보나 옳은 사회적인 규율에는 순순히 따르지만, 그렇지 않은 경우에는 묵살하거나 거절할 것이다. 그리고 때로는 스스로도 놀랄 만큼 격렬하게 저항하는 일도 있을 것이다. 도저히 납득할 수 없는 불합리한 외압이 나의 자유를 위협하고 봉인하려 들면, 손익계산서와 왜곡된 이념으로 무장하고 그들을 적극적으로 지지하는 패거리들은 물론, 허식의 그림자에 떨며 따르는 대부분의 소극적인 사람 역시 적으로 돌릴 것이다.

역사와 문화와 습관, 그리고 그 밖의 잡다한 불문율에 얌전히 따르는 삶만큼은 어떻게 해서든 피해야 한다. 그렇게 하지 않으면 내가 나로 존재하는 핵심 부분을 스스로 내던지고 기만하는 꼴이 되기 때문이다. 불문율을 따르지 않는 삶은 야만적이지 멋진 삶이라 할 수 없다는 일본 사람 특유의 거부 반응은 어차피 자신의 비열함을 얼버무리고 가리기 위한 방편에 지나지 않는다. 더럽고 치사한 사이비 미학이며, 죽임을 당한 자립한 젊음을 무슨 수로든 있는 척하고, 살려 하지 않는 자신을 있는 힘껏 꾸며 대려 하는 속임수 이외의 아무것도 아니다.

국가의 법률이 있기 전에 나 자신의 법률이 있다. 상황에 따라서는 후자를 우선해야 하는 경우도 있을 수 있다. 즉, 누군가가 멋대로 정한 일을 일일이 얌전하게 따를 마음은 없다는 뜻이다. 하나에서 열까지 세상에 맞추는 짓도 하지 않을 것이다. 전통이라서, 예로부터 내려온 관습이니까, 일본의 문화니까, 그런 추상적인 이유로는 절대 따르고 싶지 않다.

예를 들어 나는 휴일이나 공휴일은 나 스스로 정한다. 또 이 사람이다 싶은 입후보자가 있는 경우가 아니면 선거에도 참여하지 않는다. 지금까지 딱 한 번밖에 투표를 하지 않았는데, 그 한 번이 사람 보는 눈을 미처 키우지 못한 미숙함을 그대로 보여 주어 후회의 씨앗이 되고 말았다.

나의 관심 대부분은 타자를 향하고 있다. 인류의 동향은 그야말로 흥미진진하게 직시하고 있다. 마당에 다양한 초목을 키우고 있는 것도 인간이라는 기괴한 존재를 식물이라는 움직이지 않는 생물과 비교하여 그 본질을 파악하려는 무의식적인 행위인지도 모르겠다. 혹독한 환경에서도 살아남는 식물과 자립한 젊음을 잃지 않은 인간들에게 지대한 관심을 품고 지그시 관찰하고 있다. 또 그렇지 못한 식물과 인간과 동물에도 대등한 열의를 갖고 응시하고 있다.

소설가라서기보다 태어날 생명에 대한 호기심이 많아서일 것이다. 그러나 약자를 가장하거나 허세만 부리며 실천하지 않아 자립한 젊음을 스스로 죽이는 인간과 친밀한 관계를 맺는 헛수고는 결단코 사양한다. 이미 많은 시간을 살아왔기 때문에 내게 그럴 시간은 남아 있지 않다. 시간을 허투루 쓸 수 있는 나이는 벌써 오래전에 지났다.

연명에 집착하는 것은 아니다. 가령 의사에게 신세를 지면서까지 오래 살고 싶은 마음은 더욱이 없다. 평소에 절제한 보람도 없이 견딜 수 없는 격통을 동반하는 병에 걸렸을 때에는, 진통제만 맞고 먹을 뿐 그 이상의 의료 행위는 거부할 작정이다. 입원 따위는 턱도 없다. 병원이 사람의 목숨을 구하는 곳일지는 모르겠으나, 그저 그뿐이다. 목숨을 구하고 나서는 환자의 인간성이 너덜너덜해지든, 지금까지 훌륭하게 살면서 사람으로서의 증거를 쌓아 온 인생이 물거품이 되든, 비참하게 되든 의료 관계자들은 조금도 상관하지 않는다. 환자는 병원이라는 가게의 손님에 지나지 않는다. 그것이 현대 의료의 실태이다. 의사들이 문제 삼는 것은 생명 그 자체이지, 생명의 존재 양식이 아니다. 어떻게든 환자를 살려 매상을 조금이라도 올리려는 속셈이다. 정말 중요한 것은 그 생명이 어떤 상태에서 유지되고 있느냐 하는 것이다. 그러므로 의료 관계자들의 돈주머니를 채워 주기 위해 목숨을 맡길 이유는 없다.

야생동물의 죽음은 자연 그 자체이기 때문에 위대하다. 살풍경한 강가 들판 한구석에서 죽어 말라비틀어진 산토끼도, 둥지에서 떨어져 죽은 새끼 새의 주검도, 물 위에 배를 드러내놓고 둥둥 떠다니는 물고기도, 자세히 보면 모두 청렬함과 숭고함을 풍기고 있다.

'아, 이 생명은 마음껏 살다가 미련 없이 죽어 갔구나. 자연에서 태어나 자연으로 돌아간다는 것은 이런 것이구나.' 하고 절감한다. 그리고 그들의 죽음에는 조문도 기도도 전혀 필요치 않다는 것을 깨닫고 깊은 감동을 받는다.

과거에 최신 의료 기기를 갖춘 병원의 호화로운 1인실에서 최고의 간호를 받으며 임종을 맞은 노인을 본 적이 있다. 전신에 주사 바늘과 튜브를 꽂고 고통에 몸부림치는 그 모습에서 나는 이 세상에서 가장 고통스러운 고문을 받고 있는 듯한 인상밖에 받지 못했다. 죽은 후의 표정 또한 평안함과는 정반대되는 것이었다. 부릅뜬 눈은 고통과 공포의 색으로 물들어 있어 눈을 감기는 데도 수고와 시간이 꽤 걸렸다. 우수하다고 알려진 의료진은 최선을 다했노라고 유족에게 알리고, 유족 역시 그에 감사의 뜻을 표했다. 그러나 죽은 자의 표정에는 내가 그렇게 봐서 그런지 도무지 원망이 남아 있는 듯했다. 오직 고통을 연장하기 위한 노력을 거듭하면서 직업적인 체면에만 전전긍긍한 의료진에게 대들 듯한 표정이었다.

어떻게 사느냐 하는 것도 중요하지만 어떻게 죽느냐 하는 것도 그에 못지않게 중요하다. 생각한 대로 죽을 수 있을지는 모르겠으나, 나는 이미 결정했다. 삶에서 자립한 젊음을 추구했으니, 죽음에도 똑같은 척도로 임하고 싶다. 삶과 죽음에 관한 나의 기준은 명백하다. 몸을 스스로 움직일 수 있느냐 없느냐 하는 점 외에는 없다. 간호가 필요하다고 판명되면 사람의 눈을 피해 어떻게든 몸을 움직이고 수를 써서 스스로 생을 마감할 생각이다. 그 선택을 흔히 있는 자살로 여겨지는 것은 원치 않는다.

간호는 지옥이다. 간호를 받는 쪽도 그렇지만 간호를 하는 쪽에게는 그 이상의 지옥이 없다. 그 지옥을 피하는 것이야말로 전 인생에서 자립한 젊음이 시험받는 최대이자 최후의 사건일 것이다.

아내에게는 미리 전했다. 쓰러져 의식을 잃는 일이 있어도 절대 구급차를 부르지 말라고. 죽음을 확인할 때까지 아무런 조치도 취하지 말고 방치하라고.

   산 채로 병원에 실려 가는 것은 지옥행이다. 설령 완전히 회복되어 원래의 몸으로 돌아왔다 해도, 그래서 어쨌다는 것인가. 예순 살 전후라면 몰라도 그 나이를 지난 자가 생존 본능으로, 오래 살아서 뭘 할지 구체적인 목표가 있는 것도 아닌데 살고 싶다는 이유만으로 자신의 목숨에 집착하는 것만큼 보기 흉한 일도 없을 것이다. 벽에 똥칠을 한다는 말은 바로 그런 경우를 두고 하는 말일 것이다.

   당신은 아직 인생의 도중에 있는 사랑하는 주위 사람들의 인생을 중단하면서까지, 그들 인생을 물거품으로 만들면서까지 살고자 하는 흔들림 없는 근거를 갖고 있는가. 당신이 죽으면 곤란해지는 사람이 정말 있는가. 실제로는 그 반대가 아닌가. 적어도 자신의 최후 때만큼은 이성과 지성을 발휘해야 하지 않겠는가.

   그러나 말이 그렇지, 그런 생각을 할 여유조차 없을 정도로 뇌가 상해 치매가 온 경우에는 완전히 속수무책이다. 스스로 죽음을 선택할 수 없을뿐더러 가족조차 못 알아보고 자신조차 잊어버린다. 그 앞에서 가족이 할 수 있는 일은 간병하겠다는 결의를 굳히고, 자신의 인생이 잿빛이 될 수도 있다는 각오를 다지고, 피로와 고독으로 우울증에 걸리지 않도록 유념하는 정도이다. 그 다음에는 당사자에게 하루 빨리 죽음이 찾아와 주기를 남몰래 바라는 것뿐이다.

하지만 인내에도 한계가 있다. 낙담할 때마다 스스로에게 채찍질을 하고, 같은 처지에 있는 사람들끼리 수시로 연락을 주고받으면서 정보를 교환하고 격려한다. 그렇게 지옥 같은 몇 년을 견뎌 냈다 해도, 그 다음 몇 년의 지옥을 똑같이 무사하게 보낼 수 있으리라는 보장은 없다. 아무리 힘을 내고 분발해 보지만 당신의 머리와 마음은 서서히 병들고 몸은 망가져, 당신이 간호하는 환자 이상의 환자가 되고 만다. 그러다 끝내는 절대 원해서는 안 되는 해답을 원하는 지경에 이르러, 몽롱하거나 자포자기한 의식 속에서 범죄나 다름없는 행위를 실천에 옮기는 비극을 초래할지도 모른다.

그런 절박한 상황에 있는 당신에게 아쉽게도 나의 말은 무력하다고밖에 할 수 없다. 아니 오히려 짜증과 답답함의 원흉이 될지도 모르겠다. 야생동물의 세계에 살면서 부모를 버리지 못하는 처지에 있는 당신은 살아가다 보면 도저히 어떻게 할 수 없는 일도 있다는 현실에 부딪혀 고작 염세주의로 도피하거나 체념에 매달릴 수밖에 없다.

부모의 죽음으로 간신히 해방되어 그럭저럭 원래로 돌아온 당신이 자식에게도 똑같은 고통을 주지 않기를 바랄 뿐이다. 만약 아직 자식이 없다면 자식을 갖기 전에 그 심각하고 중요한 문제에 대해 거듭 고민하고 냉정하게 상상해 보기를 바란다.

내게는 자식이 없다. 이것도 아니고 저것도 아닌 삶의 가치를 찾다가 자립한 젊음밖에는 없다는 해답에 도달하기는 했지만, 내 속마음은, 사고력이 미치지 않는 깊고 깊은 속에서는, 굳이 자식을 낳을 만큼 이 세상이 좋은지 의심하는 마음이 있었던 것 같다. 태어난 이상은 인생과 맞붙어 싸우지만, 같은 투쟁을 하도록 하기 위해 자식을 낳고 싶은 마음은 없다. 이는 시대가 좋지 않다거나 사회가 좋지 않다거나 하는 지엽적인 이유에서가 아니다.

인간이 인간인 한, 아무리 시대가 발전하고 문명이 발달하고 인간의 의식이 변한다 해도, 태어나기를 잘했다, 낳아 준 부모에게 감사하고 싶다고 할 만한 세상은 오지 않는다. 순간적으로는 몰라도 처음부터 끝까지 그렇게 생각할 수 있게 세상이 변하는 일은, 어지간히 축복받은 이상론자와 낙천가의 뇌 속이 아니고는 가능하지 않을 것이다.

야생동물의 일원이라고는 하지만 부족하나마 정신성을 갖고 있는 인간이기에 본능에 맹종해서 또는 그저 욕망에 휘둘려 사는 것은 딱 질색이다. 자신의 유전자를 물려주고 퍼뜨리기 위한 확고한 동기를 찾아낼 수 없는 한, 그냥 귀엽고 예쁘니까, 노후에는 적적해질 테니까, 자연의 섭리가 그러하니까, 그런 이유만으로 자식을 만드는 것은 내키지 않는다.

지금까지 살아오면서 감동을 느낀 적이 한 번도 없다고까지는 할 수 없다. 내 나름대로 감동은 있었다. 그러나 딱히 이렇다 할 이유 없이, 그저 무구하게 나를 이 세상에 낳아 준 부모에게 감사를 표하고 싶을 만큼의 감동과 무상의 기쁨을 느낀 적은 한 번도 없었다. 있었을지도 모르나, 기억에 남아 있지 않은 것을 보면 그리 대단한 일이 아니었을 것이다. 따라서 부모가 있어 지금의 내가 있다는 생각은 전혀 없다. 나는 철이 들었을 때부터 이 세상에 사는 것이 허망하고 헛된 일임을 직감했다. 그 것은 성장하면서 확실해졌고, 예순여섯 살까지 산 지금도 변함이 없다. '역시, 이렇게 될 줄 알았어.' 하고 중얼거리면서 한숨을 내쉬고 고개를 끄덕이는 지경이다.

그러나 일단 태어났으니 한숨을 쉬고 한탄만 하고 있을 수는 없다. 살아 있음의 의미를 한껏 탐구해 볼 것이다. 죽음이라는 최종적인 해답이 나오기 전에, 몸부림치면서 나 나름의 해답을 찾아봐야 한다고 생각한다. 인생은 도로 아미타불이라는 결론은 그 후에 내려도 늦지 않을 것이다.

어쩌면 우리 인간은 더 높은 차원의 세계로 나아가기 위해 시험을 치르고 있고 또 어쩌면 단련을 받고 있는 것인지도 모른다. 부처나 하느님 같은 존재에 의해서가 아니라, 어디까지나 자기 영혼의 자발적인 선택으로 천국과 지옥이 뒤죽박죽 섞여 있는 모순투성이인 이 세상으로 내려온 것이라면, 억지가 되었든 뭐가 되었든 제 손으로 이 세상을 떠날 명료한 이유가 없는 한 살기 위한 의의를 찾고 의미를 부여하기 위한 칠전팔기에 도전해야 할 것이다. 그런 끝에 자립한 젊음을 체득하는 길밖에 없다. 말은 그렇게 하지만 그것은 상당히 성가시고 힘겨운 시련이다. 한 번은 몰라도 두 번은 다시 치르고 싶지 않다. 하물며 자식을 끌어들이고 싶어 할 만큼의 세상도 아니라는 것이 나의 진의이다.

결론부터 말하자면, 나는 이 세상에 길들지 않는 타입이다. 야생동물로서는 실격이다. 이런저런 생각 없이 살기만 해도 즐겁고, 어떤 상황에서도 죽고 싶지 않고, 조금이라도 편하게 사는 쪽으로 기울고 싶고, 현재의 처지에서 소소한 즐거움을 찾아내는 자. 강자를 동경하며 그들에게 의지하고, 앞뒤 가리지 않고 무슨 일이 있을 때마다 고집은 부리지만 깊이 생각하지 않고, 이념 따위는 돌아보지 않고 본능의 노예로 살아가는

자. 고용인의 몸으로 소비사회에 발을 붙이고 살면서 아무리 비참한 처우를 당해도 후회하지 않고, 후회는 커녕 마음껏 즐겁게 살았다는 착각 속에서 죽어 가는 자. 이들이야말로 이 세상에 건전하게 적응한 자라고 할 수 있을지 모르겠다.

  이런 자들은 이길 수 없다. 그렇다. 이 세상은 그들의 것이다. 그들 앞에서 나는 일일이 사는 의의를 찾지 않고는 못 배기는 약자 중의 약자일 것이다. 즉 나의 생명에는 하자가 있다. 내가 자손을 남기려 하지 않는 것은 내 의지에 따른 것이 아니라 그저 부적절한 유전자를 배제하기 위한 자동제어장치의 작동에 따른 것일지도 모른다.

  생명체에 세팅되어 있는 최대의 목적은 실로 단순명료하다. 이 우주와 마찬가지로 오직 팽창에 있지 않을까 한다. 늘리고 늘려 끝없는 팽창을 지향하는 것. 이 행성이 꽉 차면 다른 행성으로 이주하려 한다. 그러한 무한한 확대와 확산이야말로 생명에 세팅되어 있는 핵심 부분일지 모른다.

  그러나 팽창의 의도에 관해서는 상상조차 할 수 없다. 인간의 두뇌 정도로는 절대 풀 수 없는, 높은 곳에 있는 영원한 수수께끼라고 해야 할 것이다. 또는 팽창에 의도나 목적 따위는 필요 없는지도 모르겠다.

존재하는 자로서의 자아란 과연 무엇일까. 무엇을 가지고 자기라고 말할 수 있는 것인가. 본능인가. 아니면 본능에 반기를 드는 이성인가. 또는 정신까지 포함한 육체 전부인가. 사실은 어느 것이어도 상관없을지 모른다. 지나치게 기본적인 이 질문에 대해 철학도 의학도 물리학도 지금까지 절대적인 해답을 도출해 내지 못했다. 그렇기에 문학이라는 장르가 성립하는 것이다.

 그러나 그 해답을 찾아내는 것이야말로 인간에게 주어진 사명이며 생명의 존속이란 그 사명을 완수하기 위한 것이다. 또 그것이 강압적인 팽창의 근거라면, 나 자신이나 나와 발상이 비슷한 자들을 결함 있는 인간이라고 뭉뚱그려 단정하는 것은 중대한 오류일지도 모른다. 예술이 되었든 발견이나 발명이 되었든, 아무튼 획기적인 신세계를 개척해 나가려면 나 같은 타입의 사람은 필요 불가결하지 않겠는가. 즉 기존의 개념 전체에 의문을 품고, 때로는 전면적으로 부정하고, 지금까지 사람이 살아온 존재 양식에 이의를 제기하고, 세상의 흐름을 공공연하게 거역하고, 그 때문에 때로 불거진 존재가 되고 침울한 존재가 되나 그럼에도 어디까지나 격렬하게 살아가는, 어디까지나 예외적이고 어디까지나 정열적인 소수파 말이다.

 진화론에 따르면 예외적인 유전자가 생명을 존속시

키는 기폭제 역할을 한다고 한다. 물론 틀에서 벗어난 생명이 모두 긍정적으로 작용한다고는 할 수 없으니, 때로는 멸종으로 이끌어 가는 것도 있을 것이다. 독도 되거니와 약도 되는, 취급할 때는 모쪼록 주의해야 하는 생명 말이다. 그렇다고 해서, 이 세상에 친숙하게 길들어 살 수 있는 대부분의 사람이 안전한 존재인가 하면, 반드시 그렇지만은 않다. 그들 역시 과도한 적응력과 지나친 무분별로 얼토당토않은 엄청난 비극을 불러오는 아주 위험한 존재라는 것을 역사가 증명해 주고 있다.

그래도 새삼스럽게 통감하는 것은 인간의 기괴함이 재미있고, 인간이 야생동물의 한 종류치고는 복잡하기 이를 데 없어 거기에서 쉴 새 없이 생명의 불꽃이 피어오른다는 점이다. 인간이 추악한 만큼 그 불꽃은 아름답다. 그것만 바라보고서도 살 수 있을 정도로 달콤한 세계는 아니지만, 그러나 그것이 있기에 이 세상을 버릴 수 없는 것 아니겠는가. 또 나 같은 타입의 인간은 그런 한 줄기 빛을 잡아 예술 작품으로 승화시키는 행위에서 생의 보람을 찾고, 자칫 수축으로 향하려는 생명을 팽창으로 돌린다. 그 때문에 개인의 자유를 더없이 사랑하고 유지하며 보강하기 위해 자립한 젊음을 원하고, 또 자립한 젊음을 얻기 위한 삶을 모색하고 실천하며, 다행인지 불행인지 이렇게 나와 비슷한 사람들을 상대로 내면의 반란을 선동하면서 나 자신에 대한 반란도 부추기고 있는 것이 아니겠는가.

나의 선동에 당신은 어떤 반응을 보이려는가. 너무도 일방적이고 거칠고 극단적이며 과격하다는 이유로 일축할 것인가. 그것도 하나의 답이다. 일축한 당신이야말로 진정한 당신인 셈이 될 테니까.

또는 당신의 또 다른 당신과 격렬한 의견 충돌을 일으켜 서로의 태도를 견지하면서 결착에 이르지 못할 눈싸움을 할 것인가. 또는 지나치게 비현실적이라고 일소해 버리고는 자립한 젊음이라는 잣대를 당신의 여전한 삶 속에 매장시키고 안정과 따분함과 사소한 기분 전환의 나날로 돌아갈 것인가.

그렇지 않으면 사회적인 생물로서의 원칙과 불문율을 충실하게 따르면서 한 번도 자신을 시험하지 않은 채, 과감한 실천과는 거리가 먼 생활을 유지할 것인가. 자신의 잠들어 있는 능력은 돌아보지 않고 주위 사람들과의 평화로운 교류와 대화와 더불어 살기에 안온함을 느끼면서 오로지 평온무사함을 추구할 것인가.

아니면 자신 속에서 주목할 만한 분노가 발생한 것에 신선한 충격을 느끼고, 마음이 저돌적으로 급변하는 것을 두려워하면서도 그 기세를 꺾지 못하고, 자신이 지닌 자유의 정도가 형편없다는 것을 깨닫고는 그 비루함에서 벗어나기 위해 나를 비방하면서도 당신 자신을 엄하게 꾸짖고, 이대로 죽어 갈 목숨이 아니다, 그래서야 말이 안 되지, 하고 외치면서 자립한 젊음으로 사는 생명을 탈환하려 목청을 돋우어 선전포고를 할 것인가.

나는 길들지 않는다

초판 1쇄 발행 2014년 10월 6일
개정판 1쇄 발행 2025년 11월 14일

지은이 마루야마 겐지
옮긴이 김난주

펴낸곳 (주)바다출판사
주소 서울시 서대문구 신촌로3길 15 6층
전화 02-322-3675(편집) 02-322-3575(마케팅)
팩스 02-322-3858
이메일 badabooks@daum.net
홈페이지 www.badabooks.co.kr

ISBN 979-11-6689-375-9 03800